Paris

1793

Delisle de Sales, Jean-Baptiste Claude Izouard (ou Isoard de Lisle) dit

Histoire philosophique du monde primitif

7

HISTOIRE
DU
MONDE PRIMITIF.

HISTOIRE
PHILOSOPHIQUE
DU
MONDE PRIMITIF

PAR L'AUTEUR

DE LA

PHILOSOPHIE DE LA NATURE.

QUATRIEME ÉDITION.

Entièrement refondue et augmentée de plusieurs Volumes.

TOME VII

A PARIS.

M. DCC. XCIII.

HISTOIRE
DU MONDE PRIMITIF.

RÉSULTATS PHILOSOPHIQUES
SUR L'ANTIQUITÉ DES PEUPLES ET SUR LEUR ORIGINE.

Si on n'a pas perdu de vue la grande chaîne de principes, qui lie jusqu'aux parties, qui semblent isolées dans cet ouvrage, on pressentira aisément les résultats, où doit conduire notre théorie : cette histoire philosophique du Monde Primitif serait mal faite, si, après six volumes d'axiômes physiques et de faits, un lecteur intelligent était embarassé à en écrire les derniers chapitres.

Un des résultats majeurs qui n'échappera à la pénétration de personne, c'est que les peuples des Continents sont les plus anciens du Globe, que ceux des Péninsules sont d'une époque intermédiaire, et que les plus modernes de tout sont les Insulaires.

Un autre non moins lumineux, c'es que l'Asie ayant été le plus élevé de tous les Continents, soit par ses éminences convexes, soit par ses éminences pyramidales, a dû être le siége de la Métropole du genre-humain : que ses Colonies ont vivifié ensuite le centre de l'Afrique : et qu'enfin la population a du atteindre progressivement d'abord l'Europe, long tems après, le nouveau Monde, et, dans les tems les plus modernes, les terres Australes.

Tachons de projetter d'une manière plus précise, l'espèce de Carte philosophique, qui doit indiquer les droits des peuples, à une haute antiquité, et l'excellence de leur origine.

Nous avons vu, qu'a mesure que le grand Plateau de la Tartarie acquérait de l'étendue, la surface de l'Asie se découvrait : alors l'Océan dut abandonner, presqu'à la fois, toutes les plaines élevées de l'ancien Monde, et le Globe, divisé tel à peu près qu'il est aujourd'hui, vit de vastes Continents succéder à ses Archipels.

A cette époque, le peuple Primitif ne se trouvant plus pressé dans l'enceinte de ses îles, n'eut plus besoin de confier ses Colonies à l'intelligence de ses navigateurs. La nature s'aggrandissait sous ses pas, et, pour se créer une patrie nouvelle, il lui suffisait de descendre de ses montagnes.

Ne confondons cependant pas les époques du Monde Primitif, on ne peut se dissimuler que, malgré la retraite de la mer, la partie de notre Continent qui était à découvert, ne fut encore long-tems avant d'être habitée ; ces terres [illegible] environnées presque circulairement de montagnes, qui s'opposaient à l'entier écoulement des eaux, ne se desséchèrent qu'après un long intervalle ; des vapeurs fétides s'exhalèrent de la fange de ces vastes marais, rendirent mal sain l'air qu'on respirait, et attristèrent la nature, en interposant sans cesse, un voile épais de brouillards, entr'elle et le Soleil.

L'ancien Monde, était à cette époque, ce qu'est encore aujourd'hui l'Amérique Septentrionale, c'est-à-dire, couvert de Méditerrannées ; car on ne peut pas donner d'autres noms à ces réservoirs prodigieux d'eaux, qu'on appelle le Lac Supérieur, le Lac Huron, et le Lac des Assiniboils, puisque la plupart offrent plus de surface que la mer Caspienne.

Les Américains n'ont pas eu le tems de procurer un écoulement à ces amas d'eaux pestilentielles, et de se faire une patrie sur la fange dessechée de leurs marais. Lorsqu'ils commençaient à se croire des hommes, l'Espagne est venue les exterminer.

Aujourd'hui même, les Américains indépendants, qui habitent le long de toutes ces Méditerranées, sont trop sauvages, et les Européens qui les avoisinent, ont trop d'égoïsme national, pour qu'on puisse espérer de long-tems de voir le Sol vierge, que ces eaux pestilentielles recouvrent, rendu à l'agriculture : et les regrets du Sage sont d'autant plus amèrs, qu'il n'ignore pas, qu'il suffirait de la volonté énergique d'un Souverain ami des hommes, pour que tous les grands Lacs de l'Amérique Septentrionale communiquassent entr'eux, et formassent ainsi un seul fleuve, qui porterait dans la moitié du Nouveau monde, la vie et la fécondité.

Mais ce que l'inertie des indigènes, et le peu de philantropie des nations commerçantes de l'Europe, empêche de faire en Amérique, les peuples de l'ancien Monde l'ont fait autrefois, dans l'âge intermédiaire qui fixe nos regards. Tous les héros, qui prétendirent à l'apothéose, firent servir leur génie et leurs bras au desséchement des plaines abandonnées par l'Océan. Ils creusèrent des lits aux eaux fétides, que le défaut de pente empêchait de circuler, et changèrent chaque Lac en un fleuve, destiné à vivifier toutes les terres qu'il baignait de ses ondes majestueuses. Les traces de ces grands travaux sont perdues pour la plupart aujourd'hui, avec les noms de leurs auteurs, à cause de la vieillesse du Globe qui contraste avec la jeunesse de son histoire; mais on trouve fréquemment, dans des tems postérieurs, des preuves de la justesse de notre théorie, sur cet antique desséchement des plaines de nos deux premiers Continents, lorsque la retraite des mers permit d'y fonder des Monarchies.

C'est ainsi, par exemple, que les premiers bienfaiteurs de la Chine créèrent le Fleuve Jaune, que les Brames firent couler le Gange dans l'Indostan, avant de le diviniser, et que le législateur Oannès, un des demi-dieux de l'antique Assyrie, prépara le Tigre et l'Euphrate à arroser les Métropoles superbes de Ninive et de Babilone.

La basse Egypte n'était qu'un vaste marais; Osiris redressa le cours du Nil, facilita à son onde un écoulement dans la mer, et ajouta ainsi une nouvelle province à l'Empire des Pharaons.

L'Araxe ne formait qu'un Lac fangeux, dans les plaines de l'Arménie; Jason, s'il en faut croire Strabon, lui creusa un Canal, en perçant des montagnes, et alors le Fleuve libre dans son cours, alla se décharger dans la mer Caspienne.

On connait les travaux d'Hercule pour dessécher le Pénée et l'Acheloüs.

Eurotas, qui régnait dans les plaines marécageuses de la Laconie, fit creuser un lit au fleuve qui porte son nom, et jetta ainsi les fondements de la grande puissance de Lacédemone.

Ce n'est pas une petite observation pour le philosophe, que tous les demi-Dieux et les héros des âges intermédiaires, se soient également occupés à dessécher le Globe. Ce service rendu aux hommes vaut bien la gloire de les égorger en bataille rangée, comme l'ont fait les demi-Dieux modernes, les César, les Alexandre, les Gengis et let Charles douze.

Ce desséchement de la terre est une des époques les plus remarquables du Monde Primitif; jusqu'alors on n'avait pu traiter que l'histoire du Globe : ici commence proprement l'histoire des hommes.

J'ai dit que l'Océan, en abandonnant ainsi les plaines de l'Asie, devait avoir abandonné aussi, à peu-près dans le même tems, toutes celles de l'ancien Monde; et les loix de l'Hydrostatique, conduisent en effet à ce résultat; mais on se trompe:

rait si on partait de ce principe, pour faire peupler à la fois la terre entière par les Colonies du Peuple Primitif; les hommes, ainsi que la nature, ne font rien que lentement et par degrés; et le Globe ne doit pas plus sa population à une émigration des races primordiales, qui auraient inondé toute sa surface, qu'aux pierres merveilleuses de Deucalion.

Des observations physiques prouvent que l'Asie est, en général, plus élevée que l'Afrique et l'Europe; ainsi, c'est dans son sein qu'il faut chercher les premiers héros, qui en desséchant les plaines qu'ils voulaient cultiver, ont pour ainsi dire, conquis leur patrie sur l'Océan : c'est là que se trouvent les premières nations connues; là est le tronc de cet arbre immense, qui a poussé successivement ses ramifications dans tout l'univers.

Les plaines de l'Asie commencèrent à devenir habitables, aux environs de ses montagnes, soit convexes, soit pyramidales; ailleurs, le terrain est trop de niveau avec la surface de nos mers; c'est donc autour des branches du Caucase, entre les Chaînes du Liban et de l'Antiliban, et vers le pied du Plateau de la Tartarie, que les pères des nations existantes paraissent s'être d'abord rassemblées, en descendant de leurs montagnes.

Le plus ancien peuple connu, que l'histoire fasse sortir du Caucase, est celui des Scythes. Comme le peu qui nous reste de ses annales primitives, ne mérite pas d'être traité à part, nous allons en dire tout ce qu'il nous importe d'en savoir, à la tête d'une histoire philosophique de l'antiquité.

Nous avons perdu jusqu'au nom du Peuple Primitif, qui habita dans les premiers âges, les hauteurs du Caucase. Le mot d'Atlantes, sous lequel des poëtes philosophes ont tenté de le désigner, n'est comme nous l'avons vu, que celui d'une de ses dernières Colonies; quand ses hordes vagabondes se répandirent dans les plaines de l'Asie pour les peupler, il est probable que pour se distinguer de la Métropole, elles se désignèrent par un nom qui caractérisât leur genre de vie, et cet enthousiasme belliqueux, qui, dans un siècle de barbarie, peut être le synonime de la valeur, mais qui, dans l'âge des lumières, n'est que celui de la férocité. Ce nom est assez bien rendu par celui de Scythe, dérivé du mot SCYTH, qui peint le bruit que fait le sifflement de la flèche, lorsqu'on la lance. Il y a beaucoup d'harmonie imitative dans les mots radicaux des premières langues, et c'est peut être en les rassemblant que le philosophe pourrait parvenir à créer une langue universelle.

J'aime mieux cette étimologie que celle de Diodore, rapportée sur la foi d'une tradition Orientale. Il dit que ce peuple se vantait d'avoir possédé primitivement une fille, née de la terre, dont la partie supérieure du corps était celle d'une belle femme, et qui se terminait en serpent, depuis la ceinture. Jupiter, non pas le héros des Atlantes, mais le dieu de la Grèce, si connu par l'indécence de ses amours et de ses métamorphoses, aima, ajoute t-on, cette espèce de Syrène, et en eut un fils, nommé Scythès, qui donna son nom à son peuple. Cette fable est donnée pour telle, par Diodore, ce qui donne quelques poids à la suite de son récit.

Il n'est pas inutile, au reste, d'observer au travers des absurdités de ce conte mythologique, le fond de vérité qu'elles cachent : cette fille de la terre indique évidemment un peuple qui se dit Autochtone; voilà le germe historique, qui fécondé par l'imagination ardente des Grecs et des Orientaux, a fait naître la femme-serpent, introduite dans le lit de Jupiter.

Cette prodigieuse antiquité des Scythes les a toujours fait regarder comme une des tiges de la grande famille des hommes; et quand les Egyptiens, armés de ces myriades de siècles, dont ils décoraient les premières pages de leur chronologie, vinrent leur disputer leur droit d'ainesse, ils perdirent leur cause au tribunal des peuples, qui eurent, dirai-je, assez de témérité, dirai je, assez de philosophie pour les juger

Les Scythes, suivant le récit de Diodore, se répandirent d'abord le long de l'Araxe : ils étaient en petit nombre, et leur puissance ne faisait ombrage à personne; dans la suite leur population s'accrut, ils cessèrent d'être Nomades et leurs chefs, devenus des conquérants, se rendirent maitres de toutes les montagnes qui sont aux environs du Caucase, et de toutes les plaines qui se trouvent renfermées entre l'Océan, le Tanaïs, et les Palus Méotides; cet Empire nous semble immense; il aurait presque l'étendue de celui de Rome dans sa splendeur, s'il fallait juger de l'Asie à cette époque, parce qu'elle paraît sur nos Cartes; mais l'Océan alors, étant encore peu éloigné de la Chaîne du Caucase, devait circonscrire de toutes parts l'empire des Scythes, ce qui justifie l'indifférence de Diodore.

Le Deucalion, qui bâtit le fameux temple d'Hyérapolis, et à qui la Syrie attribua la renaissance du genre humain, était Scythe d'origine.

Les héros Scythes, les plus connus dans ce premier âge, après Deucalion, furent issus, dit on, du fils de Jupiter et de sa Syrène; l'un s'appellait Palus, et l'autre Napés; ils donnèrent leurs noms aux peuples qu'ils gouvernèrent; le premier de ces noms, semble encore un emblême des services rendus au genre-humain, en desséchant la fange de ses marais.

Les successeurs de ces princes furent de grands hommes de guerre, qui étendirent leurs conquêtes au delà du Nil et du Tanaïs. Sous cette Dynastie, l'Empire Scythe, comprit tout ce qui est renfermé entre l'Océan Oriental et les Palus Méotides.

Les Scythes, en cessant d'être Nomades, se multiplièrent prodigieusement; c'est d'eux que sont sortis les Saces, les Massagétes, et les Arimaspes, ces hommes Cyclopes, ennemis nés des Griffons, que Pline a rendu célèbres par sa crédulité.

Quant les conquérans Scythes avaient subjugué un pays, ils envoyaient une partie de la nation, devenue esclave, peupler des climats étrangers; c'est ainsi qu'ils firent passer une colonie d'Assyriens, entre le Pont et la Paphlagonie, et qu'ils forcèrent des Médes à s'établir le long du

Tanaïs. Cette idée d'exiler à jamais un peuple tranquille de ses foyers, pour que la vue toujours renaissante de la patrie, ne ramenât pas des hommes bien nés à l'indépendance : cette idée, dis-je, est digne de la politique atroce de l'Italie moderne, et il est bien étonnant de trouver déjà des Machiavel dans l'âge d'or du genre-humain.

Heureusement, le machiavélisme est un poison corrosif, qui ne blesse pas moins la main qui l'apprête, que le malheureux à qui on le destine; les Scythes furent punis par la Colonie du Tanaïs, du crime de l'avoir exilée de la Médie; ces Médes, connus depuis sous le nom de Sauromates, ravagèrent la Scythie, y éteignirent la race des rois, et changèrent cette vaste contrée en déserts.

Les Scythes eurent beaucoup de peine à se relever de ce désastre; cependant, comme les hommes renaissent jusques sous le glaive

glaive de la guerre qui les extermine, ils reprirent une partie de leur puissance; c'est à cette époque que des femmes occupèrent le trône de la Scythie, la fameuse Thomyris fut de ce nombre; c'est elle qui, au rapport d'une tradition suspecte, défit ce conquérant Cosrou, que nous appellons Cyrus, le prit sur le champ de bataille, et le fit mettre en croix. Une autre tradition veut que cette héroïne guerriere jetta la tête de son superbe ennemi dans un vase plein de sang, en lui disant : RASSASIE TOI DE CE SANG HUMAIN QUE TU AS TANT AIMÉ A RÉPANDRE; il est vrai que ce récit n'est pas plus authentique, et je le dis à regret, à cause de la leçon terrible que Thomyris donne ici aux rois qui sont atteints de la rage des conquêtes.

On prétend que l'exemple de Thomyris fit naître un peuple entier d'Amazones, qui joua long-tems un grand rôle en Asie; nous verrons dans la suite si les conquêtes de ces femmes belliqueuses, si l'honneur qu'eut leur reine Hyppolite, de se mesurer avec Hercule, si les vers même d'Homère, qui les immortalisent, ont réussi à dissiper les nuages que la philosophie a répandus sur leur existence.

Les Abiens, que Ptolémée place au delà de l'Immaüs, sous le parallele de 50 à 60 degrés, sont des Scythes, qu'on ne connait que par l'ambassade qu'ils envoyérent à Alexandre, lorsque ce héros vint camper avec son armée sur le Jaxarte; on ignore par quelle filiation ils tenaient aux premiers Scythes qui descendirent de leurs montagnes; mais leur nom d'Abiens, qui, dans l'ancienne langue de la Perse, signifie HOMMES D'EAUX, désigne une Colonie de ces hommes Primitifs, que j'ai eu tant de raison d'appeller les insulaires du Caucase.

Les Scythes paraissent la tige d'une foule de nations, qui se sont répandues, à diverses époques, en Asie et en Europe mais on ne peut fixer ici la place qu'elles occupent dans l'arbre généalogique du genre humain, ni leur chronologie.

Un historien fait descendre une branche des Médes de cette race de Scythes, que nous appellons Sarmates ; les Perses même, dont l'origine semble toucher au berceau du monde, paraissent issus de la Scythie; on veut faire sortir de ces contrées voisines du Caucase, jusqu'à ces Celtes que nous comptons parmi nos ayeux ; tout est plein sur la terre du nom Scythe ; mais ce nom est presque tout ce qui reste de son histoire. Quels monuments pouvait on attendre de ces anciens dévastateurs du Globe, qui n'avaient qu'une flèche pour droit des gens, pour livre et pour héritage ?

Je ne serais point éloigné de croire qu'une partie de ces anciens Scythes, devenus sauvages, et dégradés par leur séjour près du Pôle, aura reflué au centre de l'Asie, et exterminé la race paisible d'hommes qui cultivait les arts sur le grand Plateau de la Tartarie. Ce crime de lèze-humanité n'a jamais été vengé.

Quant aux peuples qui se trouvent dispersés aujourd'hui le long de la Sibérie et sur les bords de la mer Glaciale, il est hors de doute qu'ils descendent de ces Tartares exterminateurs; ils en ont la taille, la physionomie et les mœurs, mais la faiblesse de leur population laissera encore long-tems dans l'obscurité leur brigandage.

On retrouve en particulier les anciens Scythes, dans ces Schoudés, que le naturaliste Pallas a placés sur les bords du Jénisei, et qui ont tant servi à l'auteur des lettres sur l'Atlantide, pour loger sous les glaces éternelles du Pôle notre Peuple Primitif, du mont Caucase. Mais j'ai assez parlé de ce roman ingénieux; à mesure que j'avance dans la carriére de l'histoire, je dois cesser de réfuter des fables, ou même de les citer.

Achevons d'établir quelques principes sur la généalogie des nations.

Pendant que les Colonies Nomades du Caucase, sous le nom de Scythes, se partageaient la terre pour la ravager, ses Colonies civilisées descendaient dans les plaines, soit de l'Inde, soit de l'Assyrie, creusaient des lits au Gange et à l'Euphrate et fondaient avec les arts et les loix, des Empires, dont les ruines même ont encore droit à nos hommages.

L'histoire des hommes n'est point celle des tigres; ainsi c'est à l'époque de cette fondation des grands Empires, que doivent commencer les annales philosophiques de l'antiquité.

L'Assyrie, la première contrée du monde des historiens, (je ne dis pas du monde des philosophes,) qui porte l'empreinte du génie des hommes, semble avoir été peuplée par une des plus anciennes Colonies civilisées du Caucase; ou du moins si les Scythes Nomades habitaient ses plaines à l'époque de leur desséchement, il est très-vraisemblable que des hommes moins sauvages ne tardèrent pas à leur apporter des mœurs et des loix : la plus ancienne tradition de Babylone, veut que les Assyriens aient eu pour législateur l'amphybie Oannès; cet amphybie, s'il a existé, n'a pu être que l'insulaire du Caucase, qui tenait de ses succès dans la navigation, le talent de vivre également sur la terre et sur les eaux.

La culture des plaines de l'Indus et du Gange, date, à peu près, du même tems que celle des campagnes de l'Euphrate; mais je penche à croire que les cultivateurs de ce paradis terrestre de l'Asie, descendent des hommes pacifiques, qui habitaient le Plateau de la Tartarie, et que les premiers conquérans Scythes vinrent exterminer : ils en ont conservé jusqu'à nos jours le caractère et les mœurs; les Brames de leur antique école de Benarès, se sont transmis les connaissances que ces hommes pacifiques avaient rassemblées dans leur siècle de lumières; et pour rendre le parallele encore plus frappant, les Indiens énervés par leur soleil, par leurs arts et par leur religion, ont toujours été vaincus par le premier conquérant qui s'est présenté pour les subjuguer; s'ils n'ont pas été anéantis; comme la race paisible dont ils étaient issus, c'est que leurs vainqueurs, certains qu'on ne briserait pas les chaînes qu'ils apportaient, dédaignèrent de se jouer du sang de leurs esclaves.

Les Chinois sont incontestablement descendus de la même race que les Indiens; mais retirés à une extrémité de l'Asie, separés du reste du monde par l'Océan, par leurs montagnes et par leur grande muraille, il n'est pas étonnant qu'ils aient conservé, pendant tant de siècles, leurs loix leurs mœurs et leurs usages, au milieu de ces secousses politiques de leur Continent, qui renversaient les trônes les uns sur les autres, changeaient subitement la face des Empires, et souvent engloutissaient dans le même tombeau la race des tyrans et celle des victimes.

Nous avons observé qu'une des Colonies du Caucase, avant de s'étendre en Afrique, avait du peupler les hauteurs du Liban et de l'Anti-Liban; et avant d'invoquer le témoignage de l'histoire, nous avions à cer égard celui de la nature, dans le développement physique du Globe.

C'est le Syrien, qui habite le pied du Liban; on peut juger de son antiquité par l'histoire du fameux abyme d'Hyérapolis, qui, au rapport de Lucien, s'ouvrit pour délivrer les pay des eaux sura bondantes.

qui en altéraient la température. Une fête solemnelle consacra la mémoire de cet événement; le Pontife, alors montait au haut d'une colonne, et y restait sept jours, pour représenter l'état primitif du genre-humain, habitant les montagnes pendant que la plaine était couverte des flots : or c'est le Scythe Deucalion qui avait fondé cette fête, et Atlas, était un des demi dieux qu'on honorait dans le temple d'Hiérapolis; il est difficile, comme nous aurons occasion de le répéter dans la suite, de rassembler plus de faits historiques, à une époque ou il n'y a point encore d'histoire

Les Arabes qui n habitent encore qu'une Peninsule, et dont parconséquent le pays est sorti plus tard du sein des mers qui les environnent, ne sont probablement qu'une des dernières Colonies du Peuple Primitif du mont Liban.

Avant ces Arabes, je voudrais placer ces Phéniçiens, qui ont appris aux hommes à échanger les productions de leur terre, les ouvrages de leurs artistes et leurs lumières ; qui ont bâti des villes où on ne voyait avant eux que de vastes déserts, et qui dans leurs navigations hardies, ont réussi à faire porter leur joug à cent nations, sans faire détester leur nom et leur mémoire.

A cette époque, je vois une foule de peuples sortir à la fois de la fange des marais que le soleil et les hommes commençaient à dessécher.

Alors l'Afrique se découvrait du côté du Nord : car la partie du Midi, depuis l'Équateur jusqu'au Cap de Bonne Espérance, formée en général de terres très-basses, a du être encore long tems le Domaine de l'Océan Atlantique.

L'Ethyopien issu des Atlantes de l'Afrique, dresse ses tentes au pied de ses montagnes, sacrifie à l'astre qui le brûle, et donne à la terre l'exemple de craindre le Dieu qu'il est si doux d'aimer.

L'Ethyopie, qui possède dans son sein les sources du Nil, regardait l'Egypte comme une de ses colonies; elle prétendait lui avoir donné son culte, ses mœurs et ses loix, par la voie d'Osiris, un de ses concitoyens; ce que ses Gymnosophistes ajoutaient sur l'origine de l'Empire des Pharaons, est très remarquable. « L'Egyp» te, suivant une antique tradition, n'é» tait au commencement qu'une mer; » mais le Nil entraînant dans ses débor» demens beaucoup de limon d'Ethiopie, » le terrein s'exhaussa, et devint un Con» tinent ». Les Egyptiens, qui avaient l'orgueil de penser qu'ils n'avaient point de peres, firent ce qu'ils purent pour détruire les prétentions des Ethyopiens : mais le pays tout neuf du Delta, déposait sans cesse contre leur antiquité; aussi quand ils parlaient avec emphase de leurs premières dynasties des Dieux, on leur demandait où ils étaient, quand l'Egypte n'était pas.

La Colonie Egyptienne plus active, ou plus heureuse que sa Métropole, ne tarda pas à la faire oublier.

C'est à cette époque que l'histoire des Pharaons se trouve liée avec les annales des Hébreux, qui sont la base non de la croyance historique, mais de la religion de l'Europe.

L'Egyptien a persuadé à un grand nombre de peuples de l'Asie et de l'Europe, qu'ils lui devaient leur origine; c'était un moyen ingénieux de leur faire oublier la sienne.

Parmi ces peuples, ils comptaient les Babyloniens; mais Belus n'était point un sujet des Pharaons : on le croyait fils de Neptune et de Lybie : or Neptune, comme nous le verrons dans la suite, était un Atlante Africain, et il y avait long-tems que les bords de l'Euphrate étaient peuplés, quand il vint régner à Babylone.

Les Prêtres de Memphis ont aussi prétendu que la plupart des législateurs des Grecs, étaient partis de l'Egypte pour les civiliser, et cette prétention semble un peu plus fondée, parceque la haute Egypte est infiniment plus élevée que l'Archipel

Pendant que le Syrien bâtit des villes, que l'Ethiopien fait des Dieux, que l'Egytien force le Nil à fertiliser les plaines qu'il inonde, d'autres Colonies descendent de leurs montagnes : le Scythe Acmon, pere d'Ouranos, entre dans le Pont et dans la Cappadoce, et bâtit deux villes de son nom, en Phrygie, et sur les bords du Thermodon.

Les Phéniciens resserrés entre la mer et la Chaîne du Liban, équipent des flottes, vont reconnaître le Globe et y laissent partout des Colonies.

L'Europé a été peuplée plus tard que l'Asie et l'Afrique, et cela devait être, à cause du grand intervalle de mers qui la séparait des peuples du mont Caucase

Une autre considération rapproche de nos toms modernes, la civilisation de l Europe : son Sol n'a point la hauteur des plaines de l'Asie. Les émigrations de ses Colonies n'offrent point un problême philosophique à discuter, comme celle des Colonies du Caucase, on y suit sans peine la filiation des arts qu'elle a adoptés; il n'y à pas vingt-cinq siècles qu'elle était encore couverte de bois immenses et de vastes marais, comme le Continent actuel du nouveau Monde.

L'Europe a du se peupler par les régions qui l'enchaînent à l'Asie. Aussi l'histoire atteste que toutes les émigrations des Peuples qui sont venus s'y établir, se sont faites du côté de l'Orient : c'est delà qu'est parti le Phénicien, pour commercer avec tous les Peuples de la Méditerranée, et le

Scythe, devenu Celte, pour inonder les Gaules et l'Allemagne.

Il me semble que le suffrage de tous les historiens, quand il est uni avec les calculs des philosophes, donne un grand poids à notre théorie nouvelle du Globe, et à ce que nous avons la circonspection d'appeller nos conjectures sur le Monde Primitif.

Il ne faut point parler ici du Nouveau Monde, et encore moins des terres Australes; puisque le Continent que nous habitons nous parait neuf, dans le point de vue où nous nous plaçons, que penser de ceux qui semblent n'être sortis que de nos jours du sein des eaux ? Je ne dois pas oublier que je n'ai en ce moment d'autre but que d'écrire l'histoire de la terre, avant qu'elle ait eu des historiens.

DE QUELQUES HOMMES CELÈBRES DU MONDE PRIMITIF, QUE LES PEUPLES D'UNE ANTIQUITÉ INTERMÉDIAIRE, SE SONT APROPRIÉS.

Il me reste un dernier Phare à placer, pour empêcher des navigateurs indiscrets, de se briser au milieu des écueils du Monde Primitif.

Si on a suivi, avec quelqu'attention, la série de principes répandus dans cêt ouvrage, on sera arrivé sans effort à dés résultats, d'une vérité presque mathématique, mais qui jettés sans théorie préliminaire, dans les premiers chapitres, n'auraient paru que de vains paradoxes.

Il paraît démontré, soit d'après une raison supérieure qui décrit le globe en masse, soit d'après la géographie physique qui en analyse lentement les détails, que le séjour que nous habitons, a dû devenir le théâtre de la nature vivante, des myriades de siècles avant l'époque fixée, non seulement par la chronologie religieuse de Moyse, mais même par l'ère philosophique de Buffon.

Il ne semble plus pénible de se persuader, que dans les intervalles immenses qui se sont écoulés entre l'âge, où le Globe n'offrait à la population, que trois grandes îles, celui où, par la retraite des mers, il se dessinait en Péninsules, et le dernier, où nos trois Continens se sont successivement découverts, il est arrivé des tremblemens de terre, des déluges, et d'autres Cataclismes, qui, en anéantissant des races entières d'hommes, coupaient de grands anneaux dans la chaîne de l'histoire.

On ne s'étonne plus de ce que les héros

des tems primitifs n'existant plus que par des traditions orales, pour les Peuples d'une antiquité intermédiaire, ceux-ci ont eu l'adresse de se les approprier, pour couvrir de quelques rayons de gloire la tige obscure et incertaine de leur généalogie.

Parmi ces peuples Plagiaires, il faut placer d'abord les Egyptiens, non du Delta, mais de la Thébaïde, qui se croyaient les instituteurs des hommes, parce qu'ils consignaient une doctrine secrette dans leurs hyéroglyphes, qu'ils embaumaient des Momies, et qu'ils orientaient des Pyramides.

Ensuite il faut donner ce nom aux Grecs, soit du Péloponèse, soit de l'Archipel, qui allèrent mystérieusement consulter les Prêtres de la haute Egypte, et bâtirent tantôt sur leurs traditions antiques, tantôt sur leurs fables religieuses, leur Cosmogonie, la génération de leurs dieux indigènes et leur histoire primordiale.

Ces Grecs furent les plus heureux comme les plus hardis des peuples Plagiaires : car ayant eu un beau siècle de lumières, ayant vu naître parmi eux des Héros et des Sages, la terre qu'ils instruisirent et étonnèrent ne put croire, qu'avec tant de titres à la gloire, ils se fussent permis les faiblesses de la vanité ; elle ne put se persuader que des Républicains, qui s'honoraient d'un Miltiade, d'un Sophocle ou d'un Socrate, eussent eu besoin, pour arriver à l'immortalité, d'enter leur Mercure sur l'antique Hermès, ou les travaux de leur bâtard d'Alcmène, sur les hauts faits de l'Hercule primitif.

Les derniers des peuples Plagiaires sont les Romains, contemporains des Césars, ces Romains qui, pour avoir subjugué le monde, s'imaginèrent, pendant un moment, que son histoire ancienne était devenue leur propriété ; et que, comme ils avaient droit aux richesses des villes qui avaient subi leur joug, ils en avaient aussi à leurs dieux et à leurs grands hommes.

Je vais passer en revue les plus célèbres des héros des âges primitifs, sur lesquels la vanité des nations d'une antiquité intermédiaire a enté ses héros Indigènes; et ne pouvant lier leur histoire, que par la plus vague et la plus incertaine des chronologies, je me bornerai à les classer suivant l'ordre alphabétique, fait du moins pour reposer l'esprit du lecteur, puisque je désespère de le subjuguer.

ABARIS.

On se rappelle sans doute une île Hyperborée, dont nous avons projetté la Carte d'après Diodore, qui était gouvernée par un prêtre-roi, descendu en droite ligne du vent Borée, qu'Apollon avait prise sous sa protection spéciale, et dans laquelle ce dieu venait tous les dix-neuf ans jouer de sa lyre immortelle, depuis l'équinoxe du printems, jusqu'au lever des Pleyades.

On se rappelle aussi que, sous cette écorce fabuleuse, la philosophie trouvait un noyau de vérités astronomiques; en particulier, le Cycle de dix-neuf ans qui caractérise la fameuse période de Méton, et annonce dans les insulaires de l'Hyperborée, si non la découverte, du moins le dépôt des vastes connaissances, dont le foyer exista dans l'Athènes du Plateau.

C'est dans cette île qui avait reçu, des Atlantes de l'Afrique, une Colonie de Titans, que naquit le Scythe Abaris, envoyé en ambassade à Athènes, du tems de Pythagore: Abaris, un des Sages antiques, que la vanité Grecque a le plus évidemment emprunté au Monde Primitif, afin d'en décorer sa mythologie phantastique, et les premières pages de son histoire.

La position seule de l'Hyperborée, patrie de l'ancien Abaris, suffirait à cet égard pour montrer à la Grèce, la futilité du

Roman qu'elle a bâti, afin de faire coïncider l'ambassade de ce personnage avec la vie errante de son Pythagore.

L'Auteur Grec de la BIBLIOTHEQUE HISTORIQUE, sur la foi d'Hécatée, donne à l'île d'Abaris, la grandeur de la Sicile; et la place, au-delà des Gaules, dans la partie de l'Océan qui regarde le Septentrion; et je lui ai fait donner cette position, dans notre Carte du Monde Primitif, non pour établir une vérité géographique, mais pour rendre sensible l'hypothèse de Diodore.

Assurément il n'y a jamais eu d'île Hyperborée de l'étendue de la Sicile dans cette partie de l'Océan Atlantique, qui se trouve au Nord-Ouest de l'Espagne. Mais tous les géographes de l'antiquité se réunissent à placer un peuple d'Hyperboréens, adossé à une Chaîne de montagnes du même nom, qui séparait la Scythie de la Sarmatie; cette découverte est le fil d'Ariane qui va nous tirer du plus inextricable des labyrinthes.

Abaris était Scythe, suivant l'histoire; et l'Hyperborée, suivant la géographie nouvelle, faisait partie de la Scythie ou du moins lui servait de limites.

On reconnait les Monts Hyperboréens dans cette branche de la Chaîne du Caucase, que les Russes nomment les Monts Poyas, et qui, toujours en s'affaiblissant, vont se perdre sous le Cercle Polaire; or il est évident, d'après notre théorie de l'émersion du Globe, sur la surface des mers, qu'il fut un tems où l'Hyperborée adossée a une des dernières ramifications de la montagne Primordiale, put former une île au Nord de notre Continent, et à la hauteur précise de Soliskamkaia, qui sépare l'Asie de l'Europe.

Alors la mer Glaciale s'unissait à la mer des Indes, par l'intermède de la mer Caspienne; et l'historien Hécatée, copié par

Diodore, a eu raison de placer son Hyperborée dans la partie de l'Océan qui regarde le Septentrion.

La position de l'île, à une moyenne distance du Plateau, indique une époque plus rapprochée de nous, où elle put communiquer avec l'Athènes des Tartares, s'imprégner des rayons de son siècle de lumières et en tirer son Cycle astronomique de dix-neuf ans, sa philosophie et sa législation.

Enfin, quand les insulaires de l'Hyperborée eurent perfectionné la navigation, ils purent, dans la suite des âges, avoir des rapports avec les Atlantes d'Afrique, qui revivifièrent leur nation affaiblie, en leur faisant passer une Colonie de Titans; ils purent même se rendre avec leurs escadres jusques dans la mer qui baigne le Péloponèse.

C'est ainsi qu'avec un seul principe rencontré dans la nature, tous les problêmes de géographie s'expliquent, toutes les contradictions des anciens se concilient, et qu'on arrive par la raison à la vérité.

Il est un peu plus difficile de distinguer, au travers des hyperboles orientales, dont se sont servis les historiens, ce qui tient à l'Abaris contemporain de Pythagore, et ce qui ne peut se rapporter qu'à l'Abaris des âges primitifs,

Si on réunissait ensemble toutes les anecdotes éparses dans les anciens, sur ce singulier personnage, il faudrait, comme dit le philosophe Bayle, supposer au moins cinq ou six Abaris, pour réconcilier avec la logique, les merveilles un peu contradictoires de sa vie.

Abaris, fils de Seuthas, était, suivant Platon, un enchanteur qui guérissait les malades avec la parole.

Il parcourait le monde, prophétisant, au gré de ceux qui croyaient aux prophéties; et calmant les flots, quand son expérience

Nautique lui faisait pressentir la fin d'une tempête.

Hérodote, qui ne lui donne rien de l'homme, prétend qu'il ne mangeait pas: ses besoins étaient tous dans son entendement; il se bornait a faire du bien à la terre, et à éclairer ceux qui l'habitent.

Jamblique, l'historien de Pythagore, ajoute encore à ce tableau de féerie. Abaris était, dit-il, le favori de l'Apollon de l'Hyperborée; ce dieu lui fit présent d'une flèche d'or qui avait des alles; le sage montait à cheval sur ce dard, comme sur le cheval Pégase, et il s'en servait pour traverser les fleuves, pour naviguer sur l'Ocean et franchir des abîmes inaccessibles.

Dans un de ses voyages dans l'Asie Mineure, ayant eu à se louer des Troyens, il fabriqua un Palladium, et le leur vendit. Ce Palladium, s'ils savaient le garder, devait assurer l'éternité à leur monarchie,

L'ambassade du Paladin en Grèce, eut une singulière origine. Une peste violente ravageait le monde connu; Apollon consulté, répondit qu'il fallait qu'Athènes intercédât en faveur du genre-humain; alors toutes les villes du Globe, députèrent vers cette métropole du Péloponèse; et Abaris s'y rendit au nom des Insulaires de l'Hyperborée,

C'est dans le cours de son ambassade, sans doute, que le philosophe Scythe vit Pythagore : ces deux personnages célèbres se communiquèrent les faveurs qu'ils avaient reçues des dieux; l'un montra sa flèche ailée, et l'autre sa cuisse d'or : il y a apparance qu'ils ne se trompèrent ni l'un ni l'autre; mais ils purent se confier qu'il y a des âges de barbarie, où le sage est obligé de tromper le peuple, pour le force à être heureux.

Les ouvrages d'Abaris, étaient fames

dans l'antiquité : on citait, sur-tout, ses oracles Scythiques, son mariage du fleuve de l'Hebre et sa Théogonie.

Il est évident que, quand on veut tirer quelques lumières de tout ce cahos de féerie et d'enchantement, il faut distinguer deux Abaris, l'un qui fleurit vers le siècle de Péricles, et l'autre dont la vie est liée avec les héros des âges primitifs.

La Chronologie seule des époques fixées par les historiens d'Abaris, conduit à ce résultat; il y a une tradition, comme nous l'avons vu, qui place l'avènement de ce Scythe, avant le siege de Troye, et une autre qui le rapproche de nous jusqu'au siècle d'Alexandre. Or, il s'est écoulé près de neuf cens ans entre le rapt d'Hélène, qui amena la guerre de Troye et la bataille du Granique, qui prépara la conquête de la Perse au vainqueur de Darius; assurément une vie de neuf cens [illegible] conviendrait à Abaris, qu'en le supposant voisin d'une nature pleine d'énergie; et cet Abaris, né au berceau des premières Monarchies connues, n'aurait pu être le contemporain ni d'Alexandre ni de Pythagore.

Peu nous importe en ce moment l'Abaris qui vint en ambassade au Péloponèse, pour faire cesser la peste du monde connu, qui guérissait les malades avec la parole, et qui montra sa flèche ailée, au Sage à la cuisse d'or, qui prenait le nom de Pythagore.

Mais tout m'induit à croire qu'il y eut sous ce nom un Scythe célèbre, dans l'Hyperborée, à l'époque où cette espèce de Plateau, qui sépare, vers le Nord, l'Europe de l'Asie, formait une île au sein de l'Océan, et qu'il y puisa, à l'école d'Apollon, beaucoup de connaissances astronomiques, entr'autre le fameux Cycle de dix-neuf ans, qui donna dans la suite à Méton une sorte d'immortalité.

Quant à la flèche ailée, dont le dieu Hyperboréen lui fait présent pour traverser les mers avec plus de légèreté, il me paraît hors de doute qu'il s'agit d'une navire, excellent voilier, qui avait une flèche d'or sculptée sur sa proue, et sur lequel l'Argonaute primitif, franchit l'Océan, du pied de ces hauteurs septentrionales, qu'on appelle les Monts Ryphées, jusqu'au Péloponèse, pour échanger ses lumières contre celles des Atlantes d'Afrique et des autres Colonies du Caucase.

ACMON

Je regarde ce prince comme un des Pharamond du Monde Primitif; avant lui je trouve des noms, mais peu de faits, malheureusement l'âge qui le précède, se dérobe à toutes nos recherches, et il semble que le poëte soit le seul qui ait droit d'en écrire l'histoire.

La personne d'Acmon nous intéresse, parce qu'il semble démontré, qu'à la tête d'une Colonie de Scythes, il descendit de la Chaîne du Caucase, pour venir peupler la Phrygie et les bords du Thermodon ; il n'est point indifférent de voir un des premiers Monarques connus du Globe, habiter la montagne primordiale, la montagne dont nous avons fait le berceau du genre-humain.

Cet Acmon et le modèle des conquérans, parce que du moins il répare d'une main le mal que de l'autre il fait au monde ; en même-tems qu'il force les peuples de l'Asie, à porter son joug, il le rend tolérable par la douceur de ses loix, il égorge sur le champ de bataille l'ennemi qui lui résiste ; mais, quand sa vanité est satisfaite, il pleure avec les enfans de ses victimes ; il détruit des villes et les rebâtit ; c'est le moins coupable de ces enfans couronnés, qui se croient couverts de gloire, quand ils baignaient leurs hochets dans le sang des hommes.

On a conservé le nom de deux villes, que ce fameux Scythe fit bâtir en Phrygie et sur les bords du Thermodon ; elles s'appellent toutes deux Acmonie.

Les peuples gouvernés par Acmon, reconnurent ses bienfaits de la manière qu'il le désirait, c'est à-dire, en flattant sa vanité; ils lui donnèrent le nom d'Helios, qui répond à l Hypsistos des Grecs, et qui signifie le très haut. Ce mot est le synonime de Grand, qu'on a prodigué à tant de Princes, qui n'ont été qu heureux ou superbes; et il est bien moins l'ouvrage de l'adulation, que le nom de Dieu, que la dépravation Romaine prostitua à tous les premiers Césars.

Une preuve que le très haut des Atlantes, ne pouvait être regardé comme le Jehovah des Hébreux, c'est que l'historien qui lui donne ce nom, rapporte sa mort

avec

avec naïveté. Il paraît, par son récit, que ce Prince, s'étant trop exposé à la chasse, fut déchiré par les bêtes féroces; ses enfans firent son apothéose.

Acmon avait épousé une Atlante, nommée Berouth, dont il eut Ouranos ; on lui donne aussi une fille, appellée Thémis, qui honora de son nom une ville de Thémiskir. Cette fille n'a joué aucun rôle dans l'histoire du Monde Primitif.

Je ne sais s'il ne faudrait pas identifier cet Acmon avec un Ammon de Diodore, Roi d'une partie de l'Afrique, qui épousa Rhéa, fille d'Ouranos, et lui donna une rivale qui le fit père du célèbre Bachus. Il y a beaucoup d'exemples de ces mariages incestueux, dans les premiers âges du monde, et sur-tout chez les Rois, qui sont rarement arrêtés par le double frein de la nature et de l'opinion ; mais il y aurait quelque témérité à résoudre un pareil problême.

ATLAS.

On connait, dans les âges primitifs, deux Personnages célèbres de ce nom : l'un est un fils de Neptune, qui donna son nom à l'Atlantide : nous en avons parlé à l'époque du naufrage de cette isle; l'autre (et c'est celui qui va occuper nos crayons) est un fils d'Ouranos, qui devint Souverain d'une partie de l'Afrique, et donna à ses peuples des Loix douces, un Culte pacifique et une Astronomie.

L'Atlas Africain mérite, de nous, quelque attention, à cause du nom qu'il parait avoir donné à une antique Colonie du Monde Primitif. Ce nom, il est vrai, restreint dans son origine à désigner une faible race d'hommes, nous avons eu l'audace de l'étendre à un grand nombre de Peuples anonymes, qui se sont propagés tout le long de la Chaîne de la Montagne-Mère de l'Afrique ; mais tel a été aussi le sort des

Américains, lorsqu'il a fallu écrire leurs annales, avant le voyage d'Améric-Vespuce. Améric fut alors l'Atlas des Américains, et nous pouvons regarder aujourd'hui Atlas comme l'Améric des Atlantes.

Diodore, qui a écrit l'histoire de la famille d'Ouranos, sur d'autres mémoires que ceux qui ont servi à Sanchoniaton, suppose qu'Atlas, à la mort d'Hypérion, partagea ses Etats avec Saturne son frère. Les lieux maritimes échurent au premier; il s'appliqua à y faire fleurir la justice, les arts et la paix. Ses peuples chérirent son gouvernement, et prirent de lui le nom d'Atlantes.

Si cependant on voulait concilier l'Historien Grec avec celui de Phénicie, il faudrait supposer qu'Atlas n'était qu'un simple Vice-Roi subordonné à son frère. La discorde ne tarda pas sans doute à se mettre entre les deux Princes, parce qu'il n'y a que deux sages ou deux scélérats qui puissent être unis, les uns par le besoin de s'aimer, et les autres par les liens de la complicité. La vertu d'Atlas fit ombrage à Saturne; on empoisonna ses pensées, on le peignit comme un ambitieux qui aspirait au trône; et le tyran, qui le craignait, parce qu'il était digne de le remplir, le fit enterrer tout vivant. C'est la première fois que l'Histoire fait mention d'un pareil supplice.

Atlas est devenu célèbre dans l'antiquité, par ses grandes connaisssnces en astronomie. On s'est réuni à croire qu'il avait inventé la Sphère. Il se rendait souvent sur le sommet de la Montagne d'Afrique, à laquelle il avait donné son nom; et là, il observait le cours des Planètes, pour rendre raison de leurs phases et prédire leurs éclipses.

Ce Mont Atlas a toujours sa tête cachée dans les nuages; ainsi le Peuple, qui n'a d'autre Astronomie que le résultat du rapport de ses sens, a pu le regarder comme le mur intermédiaire qui unissait la terre au ciel. Delà est venue l'opinion vulgaire, que le Mont Atlas soutenait la voûte céleste, et l'empêchait d'écraser notre petit globe, et la petite fourmillière qui déraisonne sur sa surface.

L'homme à imagination a ensuite embelli ce trait de crédulité populaire ; il a personnifié le Mont Atlas, et il a dit, en beaux vers, que ce géant portait le ciel sur ses épaules ; et quand ce mensonge, accrédité par le prestige de la poésie, s'est trouvé avoir le sceau de l'antiquité, il a bien fallu que les Historiens le répétassent en prose.

Un autre trait sur Atlas, dont Clément d'Alexandrie nous a conservé le souvenir, c'est qu'il passait, dans une haute antiquité, pour le premier mortel qui eût osé s'exposer, en pleine mer, sur un vaisseau : On voit sans cesse que ce qui caractérise les Héros primitifs, c'est de dessécher les plaines inondées des Continens, ou de communiquer d'une isle à l'autre, à mesure qu'on voit s'opérer les phénomènes de l'émersion du Globe.

Il est impossible de fixer le tems où vivait Atlas; un père de l'église l'a fait avec Mercure et Hercule, contemporain de cet Abraham, qui, d'après la chronologie faible et erronée du Pentateuque, ne serait qu'un Héros du moyen âge.

Suidas suppose qu'il était, d'onze âges d'hommes et de six générations, plus ancien que la guerre de Troye; mais tous ces calculs n'ont point des faits authentiques pour base. Un Philosophe moderne n'a donc eu aucune peine à prouver que l'existence du patriarche des Atlantes remontait plus de 3890 ans avant l'ère vulgaire; et il ne tiendrait qu'à nous, en étudiant l'âge du Globe par la retraite graduée des eaux, de reculer encore de quelques milliers d'années cette époque; mais ce n'est point à l'Historien des hommes à usurper, en ce moment, les droits des Philosophes.

Tout ce qu'on peut assurer ici, c'est qu'Atlas fut le contemporain du plus célèbre des Hercules. Ce dernier Héros se rendit en Afrique sur la renommée du frère de Saturne; il lui fit part, peut-être, de quelques découvertes en Astronomie, qu'il devait à ses longs voyages, et telle est l'origine de la tradition, qui le fait soulager Atlas du fardeau du ciel. Il y a des fables plus ingénieuses sans doute, mais il en est peu dont l'interprétation se lie mieux avec notre Histoire des Atlantes.

Atlas eut plusieurs enfans; Hesper fut le plus distingué par sa bienfaisance, par son intégrité et par son amour raisonné pour les arts. Un jour qu'il était monté sur le sommet d'un rocher, pour contempler la marche des astres, un orage impétueux s'éleva autour de lui, et il disparut.

On donne aussi au père des Atlantes sept filles, qui sont les sept Atlantides. Comme elles eurent en partage la beauté de leur sexe, avec les connaissances du nôtre, elles furent aimées de tous les héros de leur tems, et devinrent, en les épousant, la tige d'un grand nombre de nations; Maïa, l'aînée, se laissa séduire par Jupiter, et devint mère de Mercure.

On peut observer que le goût pour l'Astronomie fut long-tems héréditaire dans la famille d'Atlas; aussi les peuples, par reconnaissance, donnèrent-ils à ses princes le nom des Constellations. Atlas fut l'axe sur lequel roule l'Univers; Hesper, la planète de Vénus, quand elle paraît après le coucher du soleil; et les Nymphes, ses sœurs, les sept Pléyades. Si jamais les noms de cette famille venaient à disparaître des livres qui ont consacré sa mémoire, on les retrouverait écrits dans le ciel : mais aussi, c'est à peu-près à quoi se bornerait toute son histoire.

BACHUS.

Il ne s'agit plus, ici, de partager un héros en deux, pour rendre vraisemblable la série des évènemens qu'on lui attribue ; on est obligé, au contraire, d'identifier plusieurs personnages, que la diversité des noms, sous lesquels on les a honorés, avait autorisé à séparer. Les Anciens nous en donnent l'exemple dans Bachus ; et en effet, sans cette clef, il est impossible de pénétrer avec fruit dans le cahos de son histoire.

Bachus est l'Osiris de l'Egypte, le Dyonise de l'Inde, l'Adonis de Byblos, et le Liber des Romains.

Mais il n'est pas le Moyse des Hébreux, quoique des Savans, plus religieux que philosophes, se soient permis cette étrange hypothèse.

En avouant que Bachus a été honoré, dans notre Continent, sous diverses dénominations, on a avancé qu'il pouvait y avoir eu, dans l'antiquité, plusieurs Princes qui ont pris ce titre respecté; mais cette conjecture est vague, et l'identité du Conquérant de l'Inde avec Osiris, suffit pour lier ensemble l'histoire divisée de tous les Bachus de l'univers.

Bachus, sous le nom d'Osiris, a joué un grand rôle dans les fêtes de l'ancienne Egypte; et c'est sur cette base que repose toute la théogonie de l'empire des Pharaons.

Les Egyptiens assuraient qu'il s'était écoulé vingt-trois mille ans entre l'avènement de ce Héros et le règne d'Alexandre; et quand les Grecs vinrent les éclairer sur le néant de leur chronologie, ils réduisirent cet intervalle à cent siècles, ce qui leur suffisait encore pour humilier la vanité des peuples de l'Europe, qui ne pouvaient faire remonter si haut l'époque où ils avaient été civilisés.

La Mythologie Egyptienne était un peu confuse sur la naissance de son Osiris, car elle lui donnait trois pères; Saturne, le grand Jupiter, et un Roi Africain, nommé Jupiter-Ammon.

Mais c'était probablement du dernier que ce Héros tirait son origine.

Denys de Mytilène, qui avait rassemblé avec soin l'ancienne tradition sur les Héros de l'Afrique, raconte ainsi, dans Diodore, la naissance de Bachus-Osiris. Ammon, qui régnait près de la Chaîne des Atlas, rencontra, un jour, en visitant ses états, une fille d'une beauté rare, nommée Amalthée; il n'eut pas de peine à la séduire, et Bachus fut le fruit secret de leurs amours: cependant le Prince, qui craignait la jalousie de Rhéa son épouse, fit transporter le fils de sa maîtresse à l'extrémité de son royaume, dans une ville de Nysa, située dans une isle que formaient diverses branches du fleuve Triton : Aristée et Minerve furent chargés de son éducation, et elle réussit au delà de leur attente.

Les Egyptiens n'adoptaient point cette partie de l'histoire d'Osiris ; leur vanité aurait été humiliée, s'ils avaient fait venir d'une contrée étrangère le Héros qui les avait gouvernés. Ils laissèrent donc entendre qu'Osiris était né dans le sein de l'Egypte ; et pour rendre cette époque plus mémorable, ils l'illustrèrent par une merveille. Au moment, disaient les prêtres de Memphis, où Osiris vit le jour, on entendit une voix dans les airs qui prononça distinctement ces mots: *un Dieu vous est né.* On se doute bien que ce conte, sur la naissance du Conquérant Egyptien, ne fut inventé qu'après sa mort, et lorsqu'on faisait les apprêts de son apothéose.

Ce Prince, parvenu à l'âge où la nature dit de se propager, épousa Isis, sa sœur ;

usage long-tems adopté par les Souverains de l'Egypte, qui regardèrent l'inceste comme un des privilèges les plus précieux de leur couronne.

Lorsqu'Osiris parvint au trône, l'Egypte était partagée en plusieurs Monarchies; car Hermès, que Saturne y avait établi Roi, vivait encore; et ce fut de ce Nestor, que le jeune Télémaque apprit l'art de régner.

Il y avait, à cette époque, dans les plaines fécondées par le Nil, des hommes féroces, qui mangeaient leurs semblables. Osiris, en faisant naître autour d'eux d'utiles végétaux, les ramena insensiblement à la nature, et dès lors il n'y eut plus d'Antropophages.

Ce Prince fut le premier qui cultiva la vigne, et qui apprit ainsi aux hommes à dissiper les nuages de la tristesse, en les transportant sur leur raison.

Il rassembla des hordes errantes, et bâtit

pour elles, dans la Thébaïde, la fameuse Thèbes aux cent portes, qu'il appella Diospolis.

Il faut rapporter, à cette époque, la guerre momentanée que Bachus soutint contre un Titan, nommé Saturne, qu'il ne faut pas confondre avec le farouche fils d'Ouranos. Le Titan avait vaincu Ammon, dans une bataille rangée, et s'était emparé de ses états. Notre Héros vola au secours de son père, défit, à son tour, Saturne, le prit prisonnier, et le punit en Roi, c'est-à-dire, en lui rendant son trône. On a dit la même chose d'Alexandre, vainqueur de Porus; et ces deux traits de générosité ont trouvé, dans les uns, la même admiration, et dans les autres, la même incrédulité.

La renommée, au reste, a beaucoup grossi les merveilles de ce règne; on a dit, par exemple, qu'Osiris avait bâti deux temples d'or massif, au Jupiter fils de Saturne, et au Prince du même nom, qu'il appellait son père. Assurément, il n'y avait pas alors, dans le monde connu, assez d'or travaillé pour en construire les murs du plus petit édifice; et quand Osiris aurait pu exploiter toutes les mines du Globe, il n'aurait pas trouvé d'artistes capables de construire ses deux temples d'or, dans un pays encore assez barbare pour qu'il y eût des Antropophages.

Le Bachus Egyptien, dévoré de la noble ambition de faire, au reste du monde, le bien qu'il avait fait à son pays, assembla une grande armée qu'il destina à cette conquête pacifique du Globe; car son objet n'était point d'envahir des états qui ne lui appartenaient pas, mais d'exterminer la race des brigands qui les infestaient, de propager les arts, et de faire par tout respirer, en paix le génie et la vertu.

Osiris fit un vœu singulier en partant; c'est de ne point couper ses cheveux, qu'il ne fût de retour de son expédition. Il établit

Isis Vice reine de l'Egypte, lui donna Hermès pour Conseil, Hercule pour Général d'Armée, et commença ensuite sa campagne mémorable.

Diodore dit expressément que ce Héros, au sortir de ses états, prit sa route par l'Ethyopie ; mais un Savant moderne, dont les romans philosophiques ont fait beaucoup de fortune, marque sa route par le Spirtzberg et la nouvelle Zemble : quelque estime que nous fassions de ce Savant, nous ne pouvons adopter son itinéraire. Son Bachus, qui se rend, presque en un clin d'œil, du Pôle à l'Equateur, ressemble trop au Jupiter d'Homère, qui fait trois pas, et, au dernier, se trouve aux limites du monde. Les Conquérans ne voyagent pas tout-à-fait aussi légèrement que les Dieux de la Mythologie.

L'histoire nous a conservé le nom de quelques uns des personages qui suivirent Bachus dans son expédition autour du

monde ;

monde; c'était Apollon son frère, Silène, un de ses instituteurs, Pan, Anubis et un Macédon, qu'il fit Roi de Macédoine.

Tous ces guerriers avaient adopté un habillement fait pour inspirer la terreur; Anubis était revêtu d'une peau de chien; Macédon, de celle d'un loup, et Bachus lui-même, de la dépouille d'une Panthère.

Le reste du cortége de ce Conquérant ne répondait pas à ces dehors terribles; il avait enrôlé, sous ses drapeaux, une troupe de musiciens qui charmaient, par leurs concerts, les ennuis de la route; il y joignit une espèce d'Amazone, à qui il donna, pour armure, une baguette entourée de pampres de vignes, et le chœur des neuf Muses.

Bachus, arrivé en Ethyopie, fut reçu des habitans comme un Dieu tutélaire; il leur témoigna sa reconnaissance en leur enseignant l'agriculture.

On lui présenta, dans cette contrée

Africaine, des Satyres, singes de la grande espèce, qui semblent former la ligne intermédiaire entre l'homme et l'animal, et que la physique moderne a désignés sous le nom d'Orang-Outangs. Le Conquérant en prit quelques-uns à sa suite; c'étaient ses bouffons, et il était moins humiliant pour nous de les choisir parmi les singes que parmi les hommes.

Bachus, après avoir traversé l'Ethyopie, parcourut l'Arabie, bâtit, dans l'Inde, une ville de Nysa, revint dans l'Europe par l'Hellespont, donna à un de ses favoris le trône de la Macédoine, vit par-tout des colonnes érigées sur son passage, comme un monument de ses victoires; et rentra en Egypte, où il jouit, de son vivant, des honneurs de l'apothéose.

Diodore prétend que ce Prince ne mit que trois ans à cette expédition mémorable. Cela serait à peine possible à un homme seul qui parcourrait ainsi la moitié du Globe, uniquement dans le dessein de le parcourir ; à plus forte raison à un Conquérant qui bâtit des villes, qui livre des batailles, et qui voyage avec des femmes.

Quoique Bachus, en se montrant ainsi à la plus grande partie du monde connu, n'eût cherché qu'à exercer sa bienfaisance, il ne fut pas toujours philosophe ; il y eut des peuples libres qui ne voulurent point accepter les services qu'on voulait leur rendre les armes à la main ; le Héros les punit, et c'est une tache à sa mémoire.

Parmi ces peuples, il faut compter les Scythes, chez qui Bachus exerça divers actes d'hostilité, ce qui les empêcha de le distinguer de la race vulgaire des Conquérans. Ces Scythes eurent même tellement en horreur le nom de ce Prince, que, long-tems après sa mort, ils firent mourir un de leurs Rois, nommé Scyles, pour avoir présidé à une de ses fêtes, célébrées par les Grecs, qui étaient établis à l'embouchure du Borysthène.

Bachus avait institué des mystéres, et il ne voulait point que la calomnie en empoisonnât les cérémonies; lorsqu'il rencontrait des incrédules qui osaient s'en jouer, il les rendait insensés, probablement à l'aide d'un breuvage, ou bien il les faisait déchirer par ses Amazones. C'est à l'occasion de ce dernier attentat du fanatisme, qu'il inventa un nouveau stratagéme de guerre; il fit du thyrse de ses Bacchantes, une lance dont le fer était caché sous des feuilles de lierre; l'ennemi qui ne se défiait pas d'un pareil artifice, s'approchait et on le mettait à mort. L'histoire dit que Bachus punit ainsi un Myrhane, Roi de l'Inde, un Prince Grec, nommé Penthée et un Lycurgue, Souverain de la partie de la Thrace qui est située sur l'Hellespont.

Sans chercher à déchirer le voile impénétrable qui couvre les mystéres de Bachus, il me semble qu'ils prétaient asez à la critique, pour que leur instituteur n'éclairât

ARIANE ABANDONNÉE.

pas ses ennemis en les assassinant. Des femmes telles que les Bacchantes qui s'abandonnent à l'ivresse, qui célèbrent à demi-nues leurs orgies religieuses, qui passent leur vie au milieu des soldats dont elles partagent la licence, ne sont pas des êtres bien respectables, et il était permis aux détracteurs des mystères de les prendre pour des courtisannes.

L'imputation avait d'autant plus de vraisemblance, que Bachus n'était point né insensible. On nous le peint de la plus rare beauté, malgré les excroissances qu'il avait sur le front, et qu'on prenait pour des cornes; et l'histoire ajoute qu'il était *fort adonné aux plaisirs de Vénus.*

On connait l'histoire de ses amours pour Ariane, et celle de ses perfidies : cette Ariane que, suivant les probabilités philosophiques, il abandonna dans une de ses villes de Nysa, et suivant le Roman imaginé par les Grecs dans l'isle de Naxos : sujet tragique traité heureusement sur plusieurs théâtres et dans un grand nombre de tableaux.

Enfin ce qui confirme notre soupçon sur la licence de ces mystères, c'est qu'Orphée le plus célèbre des dissiples de Bachus, fut obligé de les rectifier.

On est tenté de croire, que c'est quelque profanation de ces mystères indécens, qui fut le principe de la mort prématurée de Bachus. Nous avons vu que ce héros, étant entré dans la Thrace après sa conquête de l'Inde, trouva mauvais que le Roi Lycurgue eut refusé de s'y faire initier. Blessé de cette audace sacrilège, il livra bataille au Prince incrédule, le fit prisonnier sur le champ de bataille, ordonna qu'on lui crévât les yeux, et après avoir épuisé sur sa victime tous les opprobres et tous les tourmens, il le fit mettre en croix : voilà comme se vengent les chefs de secte, et Bachus l'était, à la honte de son siècle et de sa religion.

ORPHÉE ET EURYDICE.

Les Thraces ne laissèrent pas la mort de Lycurgue impunie. On prétend qu'il soulevèrent les Tytans contre ce Mahomet des Atlantes ; que ce Bachus fut défait, et que ses vainqueurs, après avoir coupé son corps en morceaux, le firent bouillir dans une chaudière.

La tradition Egyptienne ne se rapporte point à cet égard avec celle des Thraces. Suivant le recit des prêtres de Memphis, qui a été adopté par la partie la plus saine des écrivains de l'antiquité, la mort de Bachus ne fut que le crime de la politique, et il ne faut point la regarder comme le fruit amer des guerres de religion.

Bachus ou Osiris avait un frère nommé Typhon, jaloux depuis long-tens de son trône et de sa gloire; durant le cours de son expédition en Asie, ce Prince ne put occasionner aucun trouble en Egypte, à cause de l'extrême vigilance d'Isis; mais au retour du Roi, Typhon se mit à la tête d'une conjuration, assassina Osiris, et partagea son cadavre en vingt-six morceaux, qu'il distribua aux vingt six complices de son parricide.

Plutarque raconte avec d'autres détails, la mort cruelle du conquérant de l'Inde; suivant ce philosophe, Typhon eut recours à un stratagême qui n'est gueres dans nos mœurs. Il donna un grand dîner à son frère, et il y invita une Reine d'Ethyopie, et soixante-douze autres convives, qui étaient tous membres de sa conspiration. Au milieu de l'ivresse du festin, on apporta un coffre de la grandeur d'un homme, où l'artiste avait épuisé son goût et sa magnificence. Tout le monde admira à l'envi la beauté de sa sculpture, et Typhon promit d'en faire présent à la personne qui le remplirait de son corps le plus exactement. Chaque convive entra à son tour dans le coffre; Osiris eut l'imprudence de s'y mesurer aussi; alors on ferma le couvercle sur lui; on fit couler du plomb fondu dans une de ses ouvertures, et on précipita le tout dans la mer. Osiris périt ainsi, la vingt-huitième année de son règne, ou, selon d'autres, de sa vie.

Les suites du meurtre d'Osiris se concilient mieux avec le premier récit. On prétend qu'Isis vengea, par la mort de Typhon, celle de son époux; elle s'occupa alors à recouvrer tous les lambeaux d'un cadavre qui lui était cher, et elle y réussit; tout fut recouvré, à l'exception de l'organe générateur, que sa veuve fit représenter en cire, et qui, sous le nom de Phallus, obtint un culte obscéne et des sacrifices.

Isis, non contente de ce délire religieux de sa tendresse, fit faire, en cire, autant de momies d'Osiris, qu'elle avait trouvé de parties de son corps déchiré. Elle mit un de ces lambeaux dans chaque momie, et les donna, à diverses sociétés de prêtres, en les assurant toutes, à part, qu'elle les faisait dépositaires du cadavre entier de son époux. Pour augmenter la foi que ces collèges sacerdotaux pouvaient avoir en ses discours, elle leur assura la propriété du tiers de l'Egypte : alors les prêtres trompés, mais enrichis, établirent un culte particulier pour Osiris, et donnèrent le plus grand éclat à son apothéose.

Un grand nombre de siècles après cette sanglante tragédie, on montrait encore, dans une isle formée par les détours du Nil, un tombeau superbe, élevé, par la reconnaissance des prêtres, au Dieu qu'on leur avait donné, partagé en vingt-six momies. Ce tombeau était entouré de 360 urnes, qu'on remplissait, tous les jours, de lait : les ministres des autels avaient seuls le droit d'en approcher; et c'était par des pleurs et des cris funèbres, qu'ils honoraient sa mémoire.

Ce culte lugubre d'Osiris se répandit, de

bonne heure, chez les Phéniciens ; et voilà l'origine de ce deuil d'Adonis, qu'on a retrouvé répandu dans un tiers de notre Continent, et que le lugubre auteur de l'*Antiquité dévoilée*, si fameux par ses lumières et par ses paradoxes, regardait comme une fête commémorative du déluge.

C'est à l'occasion de ces fêtes lugubres, instituées en l'honneur du Dieu massacré par Typhon, que Xenophane dit un jour à un prêtre Egyptien : *Si tu regardes Osiris comme une divinité, pourquoi le pleures-tu? S'il n'est qu'un homme dont tu plains les malheurs, pourquoi l'adores-tu?* Il était difficile de répondre au dilemme de ce Philosophe.

Le tombeau d'Osiris, dans une isle de la Thébaïde, n'empêchait pas qu'on n'en montrât un autre dans la ville de Nysa en Arabie. Ce monument renfermait probablement une des vingt-six momies du Dieu, données, par sa veuve, aux prêtres de l'Egypte:

il était distingué de l'autre, par une inscription, en caractères sacrés, que Diodore a pris la peine de traduire.

« Je suis le Roi Osiris, qui, suivi d'une » armée formidable, ai parcouru la terre » entière, depuis les sables inhabités de » l'Inde, jusqu'aux glaces de l'Ourse, et » des sources de l'Ister, aux rivages de » l'Océan. Le monde, dont j'ai été le bien- » faiteur, a hérité de mes découvertes. »

Le culte de Bachus se propagea de l'Egypte en Afrique, et de là, sur presque toute la surface de l'Asie; et ce culte, en se mêlant avec toutes les idées populaires et sacerdotales, acquit une influence qu'ont eu rarement les théocraties. Il y aurait de quoi faire un volume de tous les prodiges que la superstition a attribués à ce Héros primitif, soit de son vivant, soit après sa mort: je n'en rapporterai qu'un, que nous tenons du prétendu Plutarque, qui a écrit sur les Fleuves et les Montagnes; parce qu'au travers de son absurdité, il renferme une espéce d'apologue philosophique qui n'échappera pas à la sagacité du lecteur.

Midas, Roi de Phrygie, était venu, avec son armée, camper sur les bords du Marsyas, et ce fleuve, par la longueur de la sécheresse, était à sec. Tous les soldats mouraient de soif, et la bouche haletante, demandaient à leur Souverain, qui commandait à la nature, de les désaltérer. Midas frappe la terre du pied, et il en sort un fleuve d'or liquide : la soif des Phrygiens n'en devint que plus dévorante. Dans cette extrémité, le Roi, qui avait trouvé la pierre philosophale, et qui allait mourir avec son peuple, invoqua Bachus : au même moment, le fleuve d'or devint un fleuve d'eau ; et l'armée, rafraîchie, bénit le Dieu tutélaire qui aimait mieux la sauver que l'enrichir.

Tels sont les principaux détails de la vie mortelle de ce Bachus, que les enthousiastes, tant anciens que modernes, de l'allégorie, ont regardé comme le symbole du Soleil, et à qui ils ont adressé, en cette qualité, des hymnes. Nous avons déjà observé que l'allégorie dénaturait entièrement la dialectique des faits ; et nous ajouterons ici qu'il était infiniment plus aisé de combiner, avec quelques observations astronomiques, un petit nombre d'anecdotes qu'on nous a transmises sur Bachus, que d'écrire son histoire.

HERCULE.

Le moment s'approche où nous quitterons ce Monde Primitif, entouré de merveilles, où le Philosophe erre sans guide, ne rencontrant que des demi-Dieux dont il est obligé de réduire la taille colossale ; et le Monde où nous entrerons, plus analogue à celui que nous nous glorifions d'habiter, sera, du moins, percé de grandes routes : nous y verrons, de tems en tems, des monumens chargés d'inscriptions, que nous pourrons déchiffrer, et le règne des intelligences fera place à celui des hommes.

L'imagination oisive des Savans de tous les âges, s'est occupée à créer un grand nombre d'Hercules; mais quand on veut comparer tous les tableaux qu'ils nous en ont tracés, on s'apperçoit aisément qu'il n'y a que deux originaux, et que tous les autres sont des copies.

Ces deux Hercules originaux sont le Mélicerte de Sanchoniaton, et le fils d'Alcmène : on peut désigner le dernier sous le nom d'Hercule Grec, et l'autre, sous celui d'Hercule de l'Orient.

On les honorait tous deux dans le fameux temple de Gadès ; et le judicieux Diodore ne craint pas de dire, qu'on peut mettre cent siécles d'intervalle entre les époques où ils ont fleuri.

Les Grecs qui ont fait leur mythologie avec les Dieux des autres peuples, et leur histoire primitive avec des Héros qui ne leur appartenaient pas, n'ont pas manqué de transporter, dans la vie de leur fils d'Alcmène, la plus grande partie des détails de celle de l'Hercule Oriental; mais les traces de leur plagiat sont trop manifestes, pour qu'ils puissent se flatter d'en imposer à l'histoire.

L'Hercule primitif a été désigné, chez les peuples qui ont été les dépositaires de son culte, sous une foule de noms bizarres dont on ne peut asseoir l'étymologie; le nom dont la raison humaine s'étonne le moins, est celui de Mélicerte, dérivé de *Melk*, qui, en Phénicien, signifie *Roi*, et de *Scarch*, qui veut dire *Ville*. Le Héros, dans un sens, était le Roi de toutes les villes qu'il bâtissait, ou dont il était le bienfaiteur.

L'Hercule Oriental, ou le Mélicerte de Sanchoniaton, était de la famille d'Ouranos. Quand nous serons à la vie de ce personnage primitif,

primitif, nous verrons que, toujours infidèle à Ghé, quoique cette infidélité fût le principe de ses crimes et de ses malheurs, il eut une maîtresse favorite que Saturne enleva sur le champ de bataille, et qu'il fit épouser à un de ses favoris. Cette rivale de la femme d'Ouranos, se trouvait enceinte à l'époque de son enlèvement, et elle accoucha bientôt d'un fils, appellé Démaroon, qui fut le père d'Hercule.

Pour qu'on ne confondît point cet Hercule Oriental, fils de Démaroon, avec l'Hercule Grec, fils d'Alcmène, Diodore emploie les armes de la plus sage dialectique. « Les Grecs, dit-il, ont eu tort de » transférer à l'Hercule qu'ils ont vu naître, » les exploits et la gloire de l'autre. Ils » assurent que le fils d'Alcmène défendit » Jupiter contre les Géants; mais il ne » pouvait y avoir de Géants vers l'époque » de la prise de Troye : les monstres dont

» ils prétendent qu'il a purgé la terre ;
» n'ont pu aussi paraître dans un tems,
» où des villes puissantes étaient habitées
» par des Peuples civilisés : les armes
» seules qu'on lui donne, annoncent les
» siècles reculés où il a fleuri. Alors les
» armes offensives et défensives n'avaient
» pas encore été inventées, et les hommes
» ne luttaient entr'eux qu'avec des espèces
» de massues : les massues avaient suc-
» cédé, sans doute, aux armes de la
» nature. »

On peut attribuer à l'Hercule Oriental le trait des serpens que le Héros Grec étouffa dans son berceau ; c'étaient des présages, aux yeux des Peuples, de sa vigueur future ; à moins que cette anecdote n'ait été imaginée lorsque, dans le jours de sa vie, après avoir terrassé une foule de monstres qui désolaient les premières Isles du Globe, il fut en état de justifier toutes les rêveries de la crédulité, qu'on appelle des présages.

Un des premiers exploits de cet Hercule primitif, quand il eut atteint toute la vigueur de l'adolescence, fut sa lutte contre les Géants dont parle Diodore. L'Historien dit qu'on croyait ces hommes, à taille colossale, nés de la terre, et assurément ils étaient indigènes au Caucase; la nature, comme nous l'avons vu, crée des Géants avant de donner la vie à des êtres qui n'ont pas six pieds. Cette lutte d'Hercule répond à la guerre célèbre des Titans, où les Poëtes d'un âge postérieur font entasser, aux Typhées et aux Encelades, montagnes sur montagnes, pour escalader le Firmament. Cette fable est réduite, dans Diodore, à sa juste valeur; elle n'offre d'autres merveilles que la lutte de quelques hommes supérieurs, par leur taille, contre un Héros qui les effaçait par son courage.

Hercule, après avoir défendu Jupiter contre les Titans, défendit Prométhée contre lui. Le Sage infortuné avait été puni, par le fils d'Ouranos, pour avoir organisé les hommes ; et le Dieu jaloux lui avait envoyé un Aigle chargé de ronger ses entrailles qui renaissaient sans cesse, pour repaître sans cesse la voracité de son bourreau. Le Héros, indigné que Prométhée ne fût malheureux que parce qu'il avait été bienfaisant, monta sur les roches escarpées du Caucase, tua l'Aigle du père des Dieux, et rendit la liberté au bienfaiteur des hommes.

Des Historiens ont tenté de donner un sens raisonnable à la fable de l'Aigle de Prométhée, en supposant que le libérateur de ce Sage fit rentrer dans son lit le Nil, à qui son impétuosité avait fait donner le nom d'*Aigle*, et dont Prométhée n'avait jamais pu arrêter le débordement ; mais cette explication, si on fixe le lieu de la scène en Egypte, ne saurait être adoptée du Philosophe; car il est bien démontré, par la Géographie raisonnée du Globe, et par la Tradition universelle de l'Orient, qu'à l'époque où fleurissait l'Hercule primitif, l'Egypte n'existait pas.

Quelle que soit l'interprétation qu'on donne à la Tradition Orientale, sur l'Aigle de Prométhée, il est évident que cette avanture, ainsi que celle de la défaite des Titans, remontent à une prodigieuse antiquité; ainsi elles appartiennent à l'Hercule Oriental, et non au fils adultérin d'Amphitrion.

Un autre exploit qui porte encore plus le cachet des âges primitifs, est la première expédition des Argonautes, dont le Périple a amené un des chapitres majeurs de cet Ouvrage.

L'Hercule antique, dont la valeur ne pouvait rester oisive, après avoir parcouru des Mers jusqu'alors inconnues, se mit à voyager au travers des Péninsules, ou même des Continens que la retraite de l'Océan commençait à laisser à découvert : il partit, suivant quelques Historiens, à la tête d'une armée formidable ; suivant les autres, seul, et n'ayant d'autres armes que celles de la nature. La dernière opinion est la plus répandue, mais non pas la plus vraisemblable.

L'exploit le plus mémorable de l'Hercule Oriental, dans le cours de ses voyages, est la création du Détroit de Gibraltar. Quelques anciens ont supposé que son travail se borna à rapprocher, par une digue, les deux Continens, qui, alors, étaient séparés par un vaste intervalle de Mers ; et Diodore a dit expressément que son objet, en rendant le passage plus étroit, était d'empêcher les monstres de l'Océan d'entrer dans la Méditerranée ; mais, suivant une Tradition plus accréditée, l'Afrique et l'Europe, à cette époque, se trouvaient réunies. Hercule coupa l'Isthme qui servait de barrière entre les deux bassins, et leurs eaux se confondirent. Les Monts Calpé et Abyla, qui bordent les deux côtés du Détroit, attestaient, dit-on, la vérité de ce travail mémorable; et on les a appellés, de tems immémorial, les Colonnes d'Hercule.

Le dernier événement de la vie mémorable de l'Hercule Oriental, dont une philosophie circonspecte nous permet de parler, est le service qu'il rendit à Atlas, en portant, à sa place, le Ciel sur ses épaules; nous avons vu que cet Atlas était un Roi Astronome, que la chronologie de la raison, bien supérieure à la nôtre, place à une époque très-reculée du Monde Primitif. Ce Prince reconnoissant de ce que le Héros avait été le libérateur de ses filles, les Hespérides, se plut à l'instruire des principes de la Sphère : et soit que l'Elève eut ajouté aux découvertes du Maître, soit qu'il n'eut que le mérite d'avoir transmis la vraie théorie des astres aux Peuples de l'Europe, on feignit, à son retour, qu'Atlas s'était reposé sur lui du fardeau de l'Univers.

HERMÈS.

L'histoire d'Hermès se présente sous deux faces bien différentes : on y voit, d'un côté, un beau génie digne des honneurs de l'apothéose; et de l'autre, un scélérat digne du bûcher.

Nous verrons, dans la suite de cet Ouvrage, l'influence qu'eut ce Personnage antique dans les grands évènemens du règne de Saturne : lui seul fit mouvoir cette tête couronnée ; il l'initia dans tous les mystères du plus affreux machiavélisme, et c'est par ses conseils sur-tout que le vertueux Atlas fut enterré tout vif.

Je ne chercherai point à pallier, par les charmes d'une éloquence perfide, les attentats du Ministre de Saturne; le génie d'un homme ne m'en impose pas sur les horreurs de sa vie. Il faut avoir le courage de dire qu'Hermès corrompit la jeunesse d'un Roi, et que ce crime de léze-nation est le plus grand de tous, parce qu'il influe quelquefois sur la destinée de vingt générations.

Mais ces tableaux dégoûtans des contradictions de l'esprit humain, pèsent à mon ame. Je me hâte de quitter l'Hermès, Ministre des fureurs d'un tyran, pour arriver à Hermès, l'inventeur des arts, le restaurateur de l'astronomie, et, à ce titre, le bienfaiteur des hommes.

Hermès, tel que je viens de le désigner, est peut-être le Héros le plus connu du Monde Primitif ; c'est que l'homme de génie, qui crée la raison de ses contemporains, a plus de droit à la célébrité que les Despotes qui causent la léthargie de la Terre, et les Conquérans qui la bouleversent.

Cependant il régne une grande variété

d'opinions sur les noms divers qu'il a portés chez les divers Peuples, sur le lieu de sa naissance, et sur l'époque où il a vécu : je n'en dois ici, aux Penseurs, qu'une notice raisonnée : c'est ici sur-tout qu'il faut être concis pour lui donner des lumières et non des volumes.

Il me semble infiniment vraisemblable qu'Hermès a été connu, dans l'Inde, sous le nom de Butta ; dans la Celtique primitive, sous celui de Teutatès ; en Egypte et en Ethyopie, sous le titre de Tauth ; en Grèce et à Rome, sous celui de ce Mercure Astronome, dont on a fait une Planète.

Quant à sa naissance, Abulfarage le fait Chaldéen, et né à Calovaz : le Chevalier Bruce, qui a trouvé, à Axum, sa figure sculptée en pierre, et montée sur un Crocodile, suppose qu'il était Ethyopien ; et Porphyre, peut-être le plus instruit de tous, en fait un des Héros de la Phénicie. Il est certain, du moins, que cette dernière hypothèse concilie les contradictions apparentes qui résultent de l'identité de tous ces personnages. On sait que les Phéniciens, le plus hardi de tous les Peuples navigateurs, ont, dès les tems de leur origine, conduit des Colonies dans la plus grande partie de notre Continent; ce fait, motive sans doute le long souvenir qu'Hermès a laissé de ses talens des bords du Gange, jusqu'au lieu où le Rhin se perd dans les sables. Ce Philosophe, dévoré de l'ambition de tout connaître, comme Alexandre, de celle de tout conquérir, dut consacrer une partie de sa vie à étudier les productions du Globe et les mœurs des hommes; et ses voyages savans furent le modèle de ceux de Pythagore et de Zoroastre.

On a cherché à fixer l'époque de la naissance de cet Hermès; et si les chronologistes avaient réussi dans leurs efforts, ils auraient, sans le savoir, établi un ordre précieux dans les annales du Monde Primitif.

Manethon, qui vivait deux milleans avant nous, et à qui tous les monumens littéraires de l'Egypte devaient être familiers, fait remonter cette époque avant le plus célèbre de nos déluges; voilà tout ce qu'on peut affirmer à cet égard. On ne saurait, dans des tems aussi reculés, atteindre à une plus grande précision; et une erreur de vingt siècles serait plus pardonnable, au tems d'Hermès, qu'une erreur d'un an à celui de Charlemagne.

Hermès dirigea probablement sa première route du côté de l'Inde. Il existe encore de lui, dans cette partie de l'Asie, un Traité d'Astronomie, dont les Brames de Bénarès font le plus grand cas. C'est de-là qu'il se rendit au Plateau de la Tartarie, soit pour profiter des connaissances d'un Peuple ami des arts, soit peut-être pour électriser la raison de ce Peuple instituteur, et préparer leur siècle de lumières.

Il paraît que le plus beau rôle qu'Hermès ait joué sur la terre, en qualité de Philosophe, il l'a joué en Egypte; Saturne l'avait fait Roi de cette contrée, mais sa mémoire y a été plus respectée comme Instituteur des sciences, que comme un de ses Pharaons.

Diodore nous a donné quelques détails sur les prodiges que fit Hermès pour civiliser cette Egypte; il commença par réunir les dialectes grossiers et informes de ses Peuples, et il en forma une langue qui n'est pas dépourvue d'harmonie; il désigna, par des noms caractéristiques, une infinité de choses usuelles, et fixa la pensée fugitive en donnant naissance à l'écriture.

Le nouveau Législateur s'occupa ensuite de divers réglemens utiles à une Société naissante; il inventa les mesures et les balances; il créa une gymnastique inconnue jusqu'à lui, et prescrivit une forme particulière pour les sacrifices.

Enfin, persuadé qu'un Peuple doit avoir des mœurs douces, afin de ne point rendre inutile le frein de ses loix, il donna aux Egyptiens cette harmonie des sons qu'on appelle musique, et cette harmonie des mots qu'on nomme éloquence.

On voit qu'en général, les arts agréables ne parurent point indignes des regards d'Hormès; il assujettit à des régles l'art de la danse, et il inventa la lyre à trois cordes.

La peinture occupa sur-tout ses loisirs. Sanchoniaton prétend qu'il tira les portraits de Saturne et des Princes de sa maison; mais il observe qu'il ne fit, en cela, qu'imiter Ouranos; ainsi il est probale qu'il y avait déjà eu des Léonard de Vinci, et peut-être des Raphaël, dans le beau siècle du Plateau.

Nous voyons, dans le tableau de ce

siècle mémorable, qu'une conjecture heureuse pouvait faire attribuer à Hermès le trait original de toutes ces peintures d'animaux dont les races sont éteintes, et dont on a trouvé des vestiges dans des Fresques antiques et dans les ruines de Pompeyes et d'Herculanum. Nous citerons, en particulier, le poisson Panthère, à qui une Bacchante, toute nue, sert d'Echanson : on peut y joindre le beau Centaure, qu'on a copié tant de fois, et dont on revoit toujours la représentation avec plaisir, dans les voyages pittoresques de l'Italie, et dans les galeries de tableaux.

Et il ne faut pas croire que cette hypothèse ne soit que le jeu d'une imagination qui se joue de toutes les probabilités. L'homme de goût distingue aisément plusieurs âges dans l'époque de ces peintures qui composent les Fresques de la Noce Aldobrandine, celles des Thermes de Titus et de Livie, et les tableaux à demimutilés que la lave du Vésuve nous a conservés dans Herculanum. Les trois quarts de ces monumens de l'art, sans correction de dessin, sans hardiesse de composition, sans le fini qui fait pardonner à ces vices primordiaux, sont évidemment du tems de la décadence du goût qui commença à se manifester sous ses premiers Césars.

Les tableaux hardiment dessinés, qui peignent les êtres anéantis dans l'échelle de la nature, que notre orgueilleuse ignorance appelle des êtres de raison, sont manifestement des copies faites avec soin, d'originaux tracés dans les tems primitifs.

Quant aux âges intermédiaires, et en particulier à ce beau Siècle de Périclès, qui a élevé le génie de l'homme à sa hauteur primordiale, il est bien aisé d'en reconnaître les productions. Telles sont, en particulier, quelques Danseuses d'Herculanum, et sur-tout sa fameuse Marchande

chande d'Amours, ouvrages de l'imagination la plus fraiche, et dont le Peintre semble avoir conçu l'idée à la table d'Anacréon.

La Peinture perfectionnée ne fut peut-être, dans les siècles antérieurs, que la fille de l'Art des Hyéroglyphes.

Sanchoniaton, l'Historien de Phénicie, nous a donné quelques détails sur les Hyéroglyphes d'Hermès; c'était une suite de dessins au simple trait, qu'on liait ensemble pour répondre à l'ordre des pensées. On peignait fidellement les objets physiques; on était un peu plus embarrassé pour rendre les objets intellectuels; mais l'imagination suppléait alors au vuide des tableaux; c'est ainsi qu'Hermès donne à Saturne quatre yeux, dont deux se fermaient et deux restaient ouverts alternativement, pour représenter la vigilance nécessaire aux hommes qui gouvernent; c'est ainsi que les constructeurs de pyrémides dessinèrent, après lui, un serpent qui se mord la queue, pour en faire le symbole de l'éternité.

Il est certain qu'avec beaucoup d'imagination, on peut tout rendre en hyéroglyphes; mais comme alors tout sera arbitraire, comme l'art de lire dépendra de l'esprit des Dessinateurs et de celui de l'Interpréte, il s'ensuivra que l'écriture en tableaux sera très-inférieure à l'écriture en caractères.

Hermès fit des hyéroglyphes une espèce d'alphabet, qui constitua la langue sacrée dont les Prêtres étaient dépositaires; mais il est probable qu'il employa les simples caractères Egyptiens, pour transmettre à la postérité les élémens des sciences qu'il grava sur des colonnes, et qu'on voyait encore, sous les premiers Césars, dans les Syringes ou labyrinthes souterreins de la haute Egypte.

Placés, comme nous le sommes, à un

si prodigieux intervalle d'Hermès, il est impossible même de conjecturer si ce Philosophe fut versé dans un grand nombre de sciences, si son génie pressentit celles qui échappèrent à son siècle, s'il les lia toutes par une chaîne encyclopédique. Il ne nous reste de monumens authentiques, que sur ses connaissances en Astronomie; et voilà l'objet sur lequel le burin de l'histoire doit s'arrêter.

Le ciel du centre de l'Asie est infiniment plus favorable que celui de l'Egypte, aux observations sur le cours des Astres; et j'incline à croire qu'Hermès ne créa point l'Astronomie, mais fut le dépositaire de celle du Peuple Instituteur du Plateau.

Il put aussi profiter, en ce genre, des lumières de ses contemporains, et surtout de celles d'Atlas, qu'il effaça peut-être, mais qu'il ne fit pas oublier.

Je suis tenté de lui attribuer l'invention

des obélisques, terminés par un globe, dont l'ombre marque le cours du Soleil; ces Gnomons étaient en usage, long tems avant Moyse, dans la ville d'Héliopolis.

Il apprit aux hommes la route apparente du Soleil dans le Ciel, et il la combina avec le cours de la Lune, de manière à rendre raison de tous les phénomènes relatifs à ces Planètes, qui frappent le plus les yeux de la multitude.

Pour dresser une espèce de Carte céleste, fondée sur ses observations, il traça, sur l'airain de ses colonnes, deux serpens, de tems immémorial emblémes de l'année, et il leur donna la forme tortueuse et circulaire du Caducée.

On ne pouvait rendre d'une manière plus ingénieuse la double révolution du Soleil et de la Lune; il est certain que la ligne tracée par les serpens, représente, avec assez d'exactitude, l'Ecliptique sur laquelle les deux Astres, tantôt unis, tantôt séparés, font leurs cours. Pour rendre l'analogie encore plus frappante, il se trouve que les nœuds, où les deux serpens se joignent, sont le symbole des Equinoxes.

Ce Caducée était donc destiné, originairement, à désigner l'année des Astronomes; mais lorsque l'esprit observateur dégénéra sur le Globe, il ne devint qu'un frivole attribut d'Hermès; et les Grecs en firent une espèce de baguette de Héraut-d'armes, qu'ils donnèrent à Mercure, pour exécuter les ordres de Jupiter.

On prétend aussi que cet homme extraordinaire trouva les jours intercalaires, que nous connaissons sous le nom d'Epactes. Il est vrai que la tradition qui nous a transmis ce fait, est un conte Oriental, digne des mille et une Nuits; mais c'est Plutarque qui est le dépositaire de cette tradition; et le nom du Philosophe nous engage à la rapporter.

« Le Soleil, dit le Sage de Chéronée,

» s'apperçut, un jour, que Rhéa était » devenue enceinte de Saturne ; il la maudit ; et, dans les imprécations que lui » arracha son ressentiment, il voulut » qu'elle n'accouchât dans aucun mois, » ni dans aucune année ; mais Mercure » (Hermès), qui était amoureux de Rhéa, » et qui avait ses faveurs, joua aux dez » avec la Lune, et lui gagna la soixante et » douzième partie de chaque jour ; il réunit ensuite tous ces fragmens, et en » forma cinq jours, qu'il ajouta aux 360 » dont l'année était composée : c'est dans » ces jours que les Egyptiens nomment » Epactes, que Rhéa accoucha. Au premier, naquit Osiris .... ; au second, » Apollon ; au troisième, Typhon ; le quatrième, Isis sortit du sein de Rhéa ; et » le cinquième, Nephté, Vénus et la » Victoire. »

Notre Philosophie est devenue un peu plus sévère que celle des Anciens ; ce n'est pas en faisant jouer les Planètes aux dez, que nos Cassini et nos Roëmer calculeraient leurs phases, leurs rencontres et leurs éclipses.

Le dernier fait qui nous reste pour caractériser Hermès, est celui qui lui attribue la composition de 36,525 volumes. Comme il serait impossible à un seul homme de les lire, à plus forte raison de les faire, il a bien fallu expliquer le nombre de 36,525 par quelque Cycle astronomique, découvert par cet homme extraordinaire; et celui qui en approche le plus, me paraît conduire à la Précession des Equinoxes.

La Terre, comme tout le monde sait, a un mouvement particulier, qui vient de ce que son Equateur, d'année en année, coupe l'Ecliptique en des points différens; on appelle cette vicissitude la Précession des Equinoxes. Hipparque la soupçonna il y a un plus de 1800 ans; Ptolémée la prouva long-tems après cet Astronome, mais d'une manière confuse; et enfin, de nos jours, les Newton et les Dalembert l'ont démontrée; elle est de 25,920 ans, et ce n'est que par de faux calculs qu'Hermès aurait pu l'étendre à 36,525.

Tel est l'Hermès du Monde Primitif, personnage bien plus connu par la réputation qu'il a laissée, que par les ouvrages qui la justifient; et il fallait que cette réputation fût encore bien établie dans une antiquité moyenne, puisque Manethon et Sanchoniaton se crurent obligés de consulter ses écrits, pour donner plus de poids, l'un à ses annales d'Egypte, et l'autre à son Histoire de Phénicie.

JUPITER.

Les Poëtes ont tant parlé de Jupiter, que l'Historien est presque condamné à se taire.

Les seuls monumens authentiques qui nous restent sur sa personne, se trouvent

JUPITER TONNANT.

chez les Atlantes d'Afrique. Diodore les a recueillis ; ils se réduisent à un très-petit nombre de faits : cependant ce faible moyen historique, grossi, en roulant au travers des siécles, de toutes les fables qui ont pu lui servir d'enveloppe, a servi, peu à-peu, de base à l'ancienne religion de l'Europe.

Les Atlantes d'Afrique distinguaient, avec soin, deux Jupiter ; l'un, frère d'Ouranos et Roi de Créte; et l'autre, fils de Saturne, et Souverain de l'Univers.

Le Jupiter de la Créte ne fut long tems connu que des Insulaires sur lesquel il régna. Il épousa une femme nommée Idée, en eut les dix Curettes ; et mourut aussi obscur, qu'il avait vécu. On montrait encore son tombeau, dans la Créte, sous les premiers Césars.

Dans la suite, les Crétois, voyant la fortune qu'avait fait dans l'Europe le second Jupiter, profitérent de la conformité de nom, pour lier son histoire avec celle du frère d'Ouranos ; mais leurs Mythologistes ne firent que de vains efforts ; le tombeau que les Insulaires avaient eu la faiblesse de conserver, déposait sans cesse contre l'autel ; et les étrangers ne purent jamais se persuader que le Prince, dont on montrait la cendre, dans une petite Ile de la Méditerranée, fût l'Ordonnateur des Mondes.

Le Jupiter divinisé, dont le culte a été confondu, par la superstition Grecque, avec celui de cet Ordonnateur des Mondes, était fils de Saturne et de Rhéa. Nous verrons, dans la vie de Saturne, les efforts que fit ce Prince farouche pour rendre inutile l'Oracle qui avait annoncé qu'un fils de Rhéa détrônerait son père ; l'homme ne saurait vaincre sa destinée ; Jupiter vécut *, ravit le sceptre à Saturne, et vengea ainsi le Monde connu, de quarante ans de tyrannie.

Jupiter, en naissant, fut conduit secrettement sur le Mont Ida, et ce fut une grande époque pour la postérité crédule du Peuple qui habitait alors la contrée. On disait (plusieurs siècles après), que ce Dieu, ayant été porté sur la Montagne, au sortir du sein de sa mère, le cordon ombilical de l'enfant était tombé, en passant auprès du Fleuve Triton, et que, de ce moment, il avait pris le nom d'*Omphalos* ou de *Fleuve du Nombril*; on ajoutait que les Nymphes, vierges sans doute, ne pouvant le nourrir de leur lait, avaient emprunté le secours de la Chèvre Amalthée; au reste, ces détails sur l'enfance du plus grand des Dieux, venaient des Insulaires qui possédaient son tombeau.

Jupiter (et c'est encore le Crétois qui parle), voulut éterniser la mémoire de son séjour sur le Mont *Ida*; il changea la couleur naturelle des abeilles en une autre qui approche du bronze doré, et les rendit à jamais insensibles aux intempéries des saisons. Il est assez singulier que ce Dieu, qui devait tout aux Nymphes du Mont Ida et à la Chèvre Amalthée, se soit cru dégagé de toute reconnaissance, en se faisant le bienfaiteur des abeilles.

Il y a beaucoup de récits différens sur la manière dont Jupiter devint Roi des Atlantes. Les Africains de la plaine d'Ammon rapportaient, et il est difficile de les croire, quand on veut concilier toutes les traditions du Monde Primitif; ils rapportaient, dis-je, que Bachus avait fait Jupiter, dans sa grande jeunesse, Souverain de l'Égypte. Comme le jeune Monarque était alors incapable de se gouverner, on le subordonna à une espèce de Maire de Palais, nommé Olympe. Jupiter apprit de lui les arts et la vertu, s'y distingua, et de-là, lui est venu le nom d'Olympien.

On a aussi prétendu que Saturne céda volontairement l'Empire du Monde à

Jupiter, mais cette abdication n'est point dans le caractère du monstre qui mutilait son père, qui faisait enterrer son frère tout vivant, et qui coupait lui-même la tête à ses filles. Un tyran ne cède point ainsi le pouvoir de vie et de mort à la postérité de ses victimes. Sylla, il est vrai, dans une circonstance pareille, abdiqua la puissance suprême ; mais c'était un Républicain qui, en rendant la Souveraineté à des Républicains, légitimait ses anciennes usurpations : il n'aurait pas de même abdiqué entre les mains d'un César ou d'un Marius.

La tradition la plus suivie, est que Jupiter vainquit son père en bataille rangée, le força à chercher un asyle loin des lieux où il avait appesanti son sceptre de fer, et régna paisiblement à sa place.

Le successeur de Saturne n'eut pas de peine à gagner le cœur des Peuples que son père avait aliénés ; il bâtit des villes, il civilisa des Sauvages, il parcourut la Terre pour la délivrer des brigans qui l'infestaient, et devint ainsi le bienfaiteur des hommes, titre bien supérieur à celui de Maître du Tonnerre, lorsqu'il n'est donné que par la superstition de la multitude et l'ambition des prêtres.

S'il était vrai, comme l'ajoute Diodore, que Jupiter, en se faisant le Législateur du monde, établit l'égalité de tous les hommes devant la Loi, il aurait réalisé cette République de Platon, dont les despotes sont si charmés qu'on ait fait une chimère.

Il est probable que ce Héros, de retour de ses voyages, ébloui de sa grandeur, enivré peut être de l'encens de l'adulation, en jouissant de sa gloire, cessa de la mériter. Voilà l'époque de ses incestes, des déguisemens qu'il employa pour jouir de toutes les femmes qu'il dévouait à son libertinage, et de cette foule d'aventures licencieuses qu'on lui attribue, et qui sont plus dignes d'exercer la plume de l'Aretin, que celle d'un Tite-Live.

Heureusement cette histoire du Sardanapale céleste, n'est consignée que dans les livres des Poëtes; ainsi l'intérêt de la vérité ne contraindra point mon pinceau; ami des mœurs, à exposer aux regards de la timide innocence, des tableaux qui la feraient rougir.

La mémoire des faiblesses passagères de Jupiter commençait à se perdre, et il ne restait plus que celle de ses bienfaits, lorsque les peuples qu'il avait rendus heureux, se réunirent à faire son apothéose.

Comme il avait appris aux hommes à bien vivre, on lui donna le titre de *Zeus* ou de Dieu vivant; nom sublime, et dont il nous semble que l'Ordonnateur des Mondes doit être le plus jaloux, après celui de père des hommes.

Observons que les Atlantes disaient expressément que Jupiter *n'était devenu*

Dieu qu'après sa mort ; ce qui dônne le plus grand poids aux détails qu'ils nous ont transmis sur son histoire.

Le culte du Héros divinisé se propagea, en très peu de tems, en Asie, en Afrique et en Europe ; et à l'époque de la grandeur de Rome, le torrent de superstitions qu'il avait fait naître, inondait tout le pays soumis à la domination des Césars, c'est-à-dire, les deux tiers du Monde connu.

Au reste, ce serait calomnier le genre humain, que de supposer que, pendant le règne du polythéisme, les Sages avaient adopté la mythologie extravagante de la multitude. Tandis que l'homme, qui ne pensait que d'après les augures, chargeait d'offrandes les autels de Saturne qui mutile son père, de Jupiter qui enlève Ganymède, ou de Mars qui se laisse surprendre dans les filets de Vulcain, le Philosophe de Rome et d'Athènes ne croyait qu'à l'Ordonnateur des Mondes ; il allait, avec le Peuple,

Peuple, dans les temples : mais, tombant dans une erreur historique, pour éviter des blasphêmes religieux, il ne voyait, dans Saturne, que le tems; dans Cérès, que la matière; dans Jupiter, que l'esprit générateur. Tout ce qui rappellait à des êtres stupides, des attentats divinisés, n'offrait aux regards du Sage que des allégories ingénieuses du pouvoir de la Nature.

NEPTUNE.

Sanchoniaton, un de nos principaux guides dans la découverte des Hommes Primitifs, ne lie point la généalogie de Neptune avec celle d'Ouranos : ce Neptune, que le fragment Phénicien nomme aussi Poseidon, était un étranger aux yeux des hommes, qui se croyaient de la branche directe de la première Colonie du Caucase, parce qu'il n'était lui-même que d'une branche collatérale.

Il est sûr que la tradition de presque

toute l'antiquité, s'accorde à donner de Neptune, la même idée qu'en donne l'Historien de Phénicie. L'Egypte qui se vantait d'avoir fait les Dieux de la Grèce, et qui réussit à le faire croire, même aux contemporains de Socrate, n'exceptait de cette théogonie, que le Héros dont l'histoire nous occupe.

Cet aveu de la nation la plus vaine qui ait existé, est un argument décisif contre l'opinion de Diodore, qui suppose Neptune un enfant de Saturne, et lui fait partager, avec Jupiter et Pluton, l'Empire du monde.

Les Poëtes, il est vrai, ont tous adopté, à cet égard, la généalogie de Diodore, mais c'est qu'elle prêtait davantage à l'intérêt de leurs tableaux; et quelle peut être l'autorité d'un Ecrivain, qui n'emprunte un cannevas historique que pour le broder, sur-tout quand il ne s'agit que de l'authenticité de ce cannevas?

Deux Grammairiens ont voulu trancher la difficulté, en créant plusieurs Neptunes ; mais si un seul homme a pu exécuter tout ce que l'histoire lui prête, je ne vois pas la nécessité d'en admettre plusieurs, et de compliquer ainsi une machine politique qu'une seule roue peut faire mouvoir.

En général, cette méthode de couper en deux un Héros, est celle de l'ignorance chronologique, qui cherche à accorder des époques ; il faudrait n'en faire usage qu'avec la plus extrême réserve, d'autant plus que, pour l'homme éclairé, la chronologie authentique de l'histoire ne commence qu'à l'ère des Olympiades.

Neptune est le Phos-ed-on de la Phénicie, d'où la Grèce a fait son Poseidon ; ce mot de Phos-ed-on, signifie, dans les langues Orientales, la terreur des navires ; ce qui indique évidemment le chef d'une Colonie de Navigateurs, qui tient l'Empire des Mers.

Sanchoniaton fait Neptune, fils de Nérée, et petit-fils de Pontus; cette généalogie vient encore à l'appui de notre interprétation.

Pontos signifie *l'Océan*, dans la langue d'Hésiode et de Démosthène ; il est probable qu'on donna originairement ce nom à l'homme audacieux qui se créa, le premier, une espèce de domaine sur les eaux, en les couvrant de ses Flottes victorieuses. Le Navigateur, qui tire ses titres de l'élément qu'il subjugue, ressemble aux Métellus et aux Scipion, qui tiraient les leurs des contrées dont ils faisaient la conquête.

Nérée est le *Neiri* de la langue Phénicienne, qu'on peut traduire par le génie des Fleuves, parce que probablement il avait appris aux navigateurs à les remonter.

Hérodote fait sortir Neptune de la Libye; cette contrée Africaine, qui aujourd'hui n'est qu'un vaste désert de sables, enfoncé dans les terres, se trouvait, à l'époque dont je parle, voisine de l'Océan; elle avait des villes florissantes et des ports d'où partaient les Flottes de ses Rois, pour aller à la découverte du monde.

Ces Atlantes d'Afrique s'étant alliés avec la famille d'Ouranos, eurent part aux largesses de Saturne : ce dernier fit présent à Neptune de la ville de Béryte. Les exploits maritimes du Héros Libyen avaient déjà quelque célébrité, et le vieux despote aima mieux se l'attacher par des bienfaits, que de faire connaître sa jalousie en le combattant, ou en le faisant assassiner.

Jupiter détrôna son père, et Neptune devint son Amiral. Il s'occupa à croiser dans les mers alors connues, pour défendre le nouveau Roi contre les Titans. Ses campagnes maritimes eurent tout le succès qu'on pouvait espérer, et la terre étonnée, le fit Dieu de l'élément, dont sa valeur lui avait acquis l'Empire.

Cependant Neptune devenu trop grand, inspira de l'ombrage à Jupiter. Celui-ci ne put lui pardonner sa rénommée ; il paya ses victoires de la monnaie des tyrans, c'est-à-dire par des outrages. Le Héros persécuté, alla cacher dans la Libye son désespoir, et ne s'y croyant pas encore en sûreté contre la jalousie active du despote, il chercha sur un autre élément l'asyle que la terre lui refusait. C'est au malheur de ce Héros qu'on doit la population de l'Atlantide.

Neptune descendu presque seul dans l'Isle célèbre de Platon, y trouva une famille pauvre, mais juste et heureuse. Il eut le bon esprit d'oublier sa naissance, le grand rôle qu'il avait joué parmi les hommes et ses exploits. La fille d'Evenor lui plut et quoiqu'elle ne lui apportât pour dot que quinze ans et des vertus, il se crut plus fortuné en l'épousant, que s'il avait donné sa main à la fille de Jupitèr.

Nous avons vu dans le fragment de Platon quels furent les travaux de Neptune, pour rendre son nouvel Etat inaccessible aux incursions des Atlantes; son industrie réussit au-delà de son attente. La Colonie aidée par un beau Ciel, par des mœurs pures et des loix douces, prospéra; et lorsqu'on commença à soupçonner son existence, elle pouvait déjà se mesurer avec sa Métropole.

Neptune mourut au sein d'une nombreuse postérité, dont il se voyait à la fois le Souverain et le père. Instruit à l'école du malheur, la seule qui forme les Princes, il s'était sans cesse occupé à adoucir, par son humanité, le joug que le besoin des loix sociales l'avait forcé d'imposer à sa Colonie; ses successeurs l'imitèrent pendant plusieurs générations; mais dans la suite un Roi eut la faiblesse de se croire à l'étroit dans l'isle qu'il gouvernait, il subjugua les peuples de la terre ferme, et prit leurs mœurs dépravées. L'age d'or disparut alors de l'Atlantide, tous les ressorts politiques de l'État se dégradèrent, et l'affreuse catastrophe physique que les insulaires essuyèrent, ne fit que hâter le moment de leur décadence.

OURANOS.

Toutes les anciennes Histoires retentissent du nom d'Ouranos; mais les détails sur sa personne s'accordent peu, parce que les uns en font un Dieu et les autres un homme. Comme c'est l'Histoire de la Terre et non celle du Ciel qui nous occupe, on nous permettra de ne suivre ici que les Historiens Philosophes.

Le Philosophe Evhemère, dit avoir vu, dans un Temple célèbre de l'Archipel Panchéen, une Colonne d'or sur laquelle était gravée la vie des premiers Atlantes d'Afrique. Suivant ce monument, un des plus anciens du Globe, et d'autant plus précieux qu'il paraît avoir précédé l'âge des fables, Ouranos, le premier des hommes à qui on donna le titre de Roi, avait été pendant sa vie un Prince juste, bienfaisant, et très-versé dans la connaissance des astres; il apprit à ces sujets à sacrifier au Ciel, et cet acte religieux lui en mérita le nom; car le Chaldéen *Our*, ainsi que le Grec *Ouranos*, signifient également le Ciel. Ce nom n'est pas plus extraordinaire que celui de notre grand Cassini, donné à une Constellation; et il est bien plus glorieux que celui des peuples subjugués, dont Rome République osa long-tems repaître la vanité de ses Généraux.

Diodore s'accorde avec Evhemère, sur les évènemens de la vie mortelle d'Ouranos. Suivant cet Historien, ce Prince fut le premier Souverain des Atlantes; il retira les hommes des fanges de la vie sauvage, où ils croupissaient, les rassembla dans les villes, et enrichit son siècle de plusieurs découvertes.

Ce qui le distingue, sur-tout, dans les annales de la raison, ce sont ses connaissances en astronomie; il mesura l'année par le cours du soleil, et les mois par la révolution de la lune. Ses peuples, qui, jusqu'à lui, avaient ignoré les loix constantes qui règlent le retour périodique des astres, frappés de la justesse de ses observations, le regardèrent comme une intelligence suprême, l'appellèrent le *Roi éternel des êtres*, et firent son apothéose.

Diodore a dit que son Empire s'étendait *presque par toute la terre*; mais la terre à cette époque, n'était peut-être formée encore que des trois Isles du Plateau de la Tartarie, de la Chaine de l'Atlas et du Caucase. Le Globe, ainsi circonscrit, ne présente pas une grande surface, et certainement sa conquête n'aurait pas assouvi l'ambition d'Alexandre.

Le centre de cet empire d'Ouranos était en Afrique, Diodore le dit expressément; cependant, comme les merveilles ne coûtent rien à l'imagination des Poëtes-philosophes, nous en avons vu un le transporter au Spirtzberg, et créer ainsi, vers le Pôle, un âge d'or, que l'histoire met sous la Zône Torride.

Cet Ouranos de Diodore eut la plus nombreuse des postérités; on lui donne quarante-cinq enfans, dont dix-huit de Titœa, qui prirent de leur mère le nom de Titans. L'Historien ajoute, qu'elle laissa son nom à la Terre qu'elle honora de ses vertus; ainsi Titœa est évidemment la *Ghé* de Sanchoniaton; et ce mariage du Ciel avec la Terre, a été le germe d'une foule de conjectures ingéniensement absurdes, pour les beaux esprits, qui aiment à glaner dans le champ de l'allégorie.

Ouranos, sous un Ciel brûlant, qui fait fermenter l'amour dans les cœurs et l'exalte dans les têtes, ne put réprimer la fougue de ses sens. Il était Africain et Roi, double raison pour être infidèle; il viola donc la foi conjugale, et voilà l'origine de ses malheurs.

Titœa jalouse, parce qu'elle aimait, refusa de partager son lit avec des rivales, et se sépara de son époux; celui-ci, tourmenté par l'amour-propre, plutôt que par l'amour, revint plusieurs fois auprès de Titœa, osa lui faire violence, et ensuite l'abandonna de nouveau. On ajoute même qu'il tenta de faire périr les enfans nés de ce commerce; atrocité qui semble peu compatible avec l'idée d'un roi juste, bienfaisant, et astronome, tel que le peint Evhemère.

Quoi qu'il en soit, la Reine outragée trouva des vengeurs dans sa famille; Chronos conjura contre le tyran, et ce tyran était son père. Le complot réussit; Ourasonper dit, dans un combat, son trône, et ce qui le toucha encore plus, la concubine qu'il aimait, et son vainqueur atroce régna à sa place.

Le Monarque, dépouillé et fugitif, se nourrit long-tems du fiel qui le dévorait. Il fit partir ses filles pour tendre des piéges à l'usurpateur ; mais toujours malheureux dans ses projets de ressentiment, il ne fit que hâter le jeu de la tragédie sanglante qu'il devait dénouer. L'abominable Chronos attendit son père dans un défilé, se rendit maître de lui, et d'un coup de cimeterre, le priva de l'organe générateur ; les peuples s'indignèrent, et pour les appaiser, le parricide fit l'apothéose de sa victime.

Hésiode, dans sa Théogonie, ajoute un cadre au tableau de ce parricide. « Ouranos arrive dans le défilé, dit ce » père des fables, il menait la nuit à sa » suite ; déjà il embrasse *Ghé*, lorsque » Saturne sort du lieu où il l'observait,

» fond sur lui, et avec sa faulx de dia-
» mant, tranche l'organe générateur de
» son père.

» La semence céleste ne s'échappa pas
» en vain; *Ghé* en reçut une partie dans
» son sein, et au bout de l'année, elle
» enfanta les Géans et les belliqueuses
» Erynnides.

» Cependant l'organe mutilé d'Ouranos
» tombe dans la Mer agitée; le flot le
» porte à Amathonte; il se forme autour
» de lui une écume brillante; alors une
» beauté ingénue sort du sein de l'onde,
» et la terre applaudit à la naissance de
» Vénus. »

Ce tableau fait peut-être moins d'honneur encore à l'imagination d'Hésiode, qu'à la naiveté des mœurs de son tems, et voilà pourquoi il mérite d'être conservé.

Observons que le Poëte, en racontant les détails du parricide de Saturne, ne dit pas un mot qui décèle son indignation. La mutilation d'Ouranos paraît à son ame froide, un évènement aussi ordinaire, que la chûte des feuilles en automne.

Au reste, ni Diodore ni Evhemère ne parlent de cette horrible évènement, et je voudrais, pour l'honneur des Hommes Primitifs, qu'il fut permis d'en douter. Il paraît par leur silence, qu'Ouranos mourut dans son lit et sur son trône. Basilée, une des ses filles, qui avait élevé tous ses frères, et qui les aimait tendrement, fut proclamée Reine des Atlantes; elle était encore vierge, et l'instinct de la pudeur qu'elle navait jamais combattu, lui donnait de l'éloignement pour le mariage. Le vœu de la nation la décida enfin, et elle épousa Hypérion, celui de ses frères qu'elle chérissait le plus; mais les mariages réussissaient rarement dans cette famille incestueuse. La naissance d'Hélios donna de l'ombrage aux Titans; ils conspirèrent contre le Roi, l'égorgèrent, et noyerent son fils dans l'Eridan ; Selène, sœur d'Hélios, apprend ce crime, et se précipite du haut de son palais; Basilée, les cheveux épars et la rage dans le cœur, s'exile du pays qu'elle gouvernait, parcourt la terre, semblable à une Bacchante, et disparait comme Romulus au milieu d'un orage.

Telle fut l'affreuse destinée d'une des premières familles du monde civilisé ; nous verrons dans la suite celle de l'Œdipe des Grecs, moins coupable et plus malheureuse encore ; et ces fait bisarres ont conduit plus d'une fois des hommes sans principes au dogme de la fatalité.

Hélios et Sélène donnèrent, dit-on, après leur mort, leur nom au Soleil et à la Lune, et en effet, voilà ce que signifient ces deux mots dans la langue des Grecs ; mais j'aimerais mieux croire qu'on donna à ces enfans, à cause de leur beauté, le nom de de ces Planètes. Assurément les hommes, quelques stupides qu'on les suppose, doivent connaître les astres qui les éclairent avant les hommes qui les gouvernent.

PROMÉTHÉE.

J'ai déjà eu occasion de parler, dans le volume précédent, de ce personnage extraordinaire, et de ses découvertes dans les arts. Ainsi je n'arrêterai une seconde fois mes pinceaux sur lui, que pour fixer sa place dans la Galerie des Tableaux du Monde Primitif.

On a dit que Prométhée était fils de la Terre; voilà, s'il falait interpréter littéralement, cette fable antique, un véritable Autochtone. Ce serait à lui que commencerait la grande échelle des races humaines.

Hésiode se rapproche un peu plus d'une saine philosophie, en lui donnant l'Asie pour mère; et il n'y aurait rien à ajouter à son récit, s'il l'avait fait organiser par une nature vivifiante, sur une des Chaînes du Caucase.

Ce nom de Prométhée n'a sans doute été donné au Héros qu'après sa mort; car il désigne la reconnaissance des peuples, dont il fut le Génie tutélaire. Ce nom si harmonieux dans la langue des Grecs, se prononçait probablement *Prom-theut* dans l'ancien idiome des Scythes, et signifiait *Divinité bienfaisante.* Cette Divinité bienfaisante fut presque toute sa vie en guerre avec une Divinité terrible, qu'on appellait Jupiter, et il lui en coûta cher d'avoir cru que la bienfaisance était une arme, quand il s'agissait de lutter contre le Pouvoir.

Prométhée, s'il faut en croire la tradition des âges primordiaux, pétrit un jour un peu d'argile, et en forma quelques statues de différens sexes; cette esquisse terminée, il déroba le feu du Ciel, le renferma dans la tige d'une plante dont la moëlle se consume lentement; ensuite sans endommager l'écorce l'agita autour de ses figures froides et muettes, et elles furent vivifiées.

Cette scène (et je suis l'interprète fidèle de l'antique tradition) se passa sur le Mont Caucase.

Cependant Jupiter indigné qu'on eût créé, sans son ordre, des êtres qui provoqueraient un jour sa foudre sur leurs têtes, résolut de punir le sculpteur, avant de frapper son ouvrage. Il fit lier Prométhée avec des chaînes de diamans, et ordonna à un Aigle de ronger ses entrailles, qui renaîtraient sans cesse, pour repaître sans cesse la voracité de son bourreau : le théâtre du supplice de cet infortuné, fut le même que celui de sa bienfaisance ; c'est-à-dire, un rocher du Caucase.

Les écrivains à imagination ardente ont brodé encore ce canevas ; ils ont fait naître l'Aigle de l'union bizarre de la Terre et de l'Erèbe. Philostrate a laissé entendre dès le héros tourmenté par Jupiter, avait une taille au moins de trois cents pieds « on » peut voir encore, dit ce sophiste, les » chaînes de Prométhée attachées à un » double roc... On prétend qu'une des » mains de l'infortuné était posée sur un » des sommets, et la seconde sur l'autre, » tant sa taille était grande, car on ne « compte pas moins d'un stade d'intervalle » entre les deux pointes du rocher. »

Le supplice de Prométhée devait durer trente mille ans; mais un autre Héros du Monde Primitif, qui n'avait pas l'ame impitoyable du père des Dieux survint, et le réduisit à trente.

Ce Héros est Hercule. Il se fit juge entre le tyran et sa victime, et apprenant que Prométhée ne souffrait que parce qu'il avait été bienfaisant, il se rendit sur le Caucase, tua l'Aigle de Jupiter avec ses flèches, et rendit la liberté au père des hommes.

Toute cette Histoire, qui étonne si fort

l'entendement du Philosophe, n'en conserverait pas moins son empreinte d'une haute antiquité, quand même on adopterait l'interprétation de Diodore.

« Osiris, dit-il, gouvernait l'Egypte.....
» Un jour, à l'époque du lever de la
» Canicule, le Nil, à qui son impétuosité
» avait fait donner le nom d'Aigle, rompit
» ses digues, et se déborda avec tant de
» violence, que toute la haute Egypte,
» et particulièrement le Nôme, dont Pro-
» méthée était le Gouverneur, fut sub-
» mergé : peu d'hommes échappèrent à
» ce fléau. Prométhée voulait se tuer de
» désespoir ; mais Hercule, pour le sau-
» ver, entreprit le plus grand de ses tra-
» vaux : il répara les brèches que le Nil
» avait faites à ses digues, et fit rentrer
» le Fleuve dans son lit. Tel est le fon-
» dement de la fable qui fait tuer, au
» Héros, l'Aigle qui rongeait le foie de
» Prométhée. »

Je regrette qu'on ne puisse expliquer, d'une manière aussi heureuse, la génération de l'homme par le Héros du Caucase : cependant il est difficile de mettre une raison plus profonde dans l'exposition d'un événement dont personne n'a pu être témoin. Cet argile, pétri par Prométhée, pour marquer le corps de l'homme ; ce feu du ciel, qui désigne si bien celui de la pensée ; cet Artiste puni, sans doute, pour avoir laissé introduire, sur la terre, le mal physique et le mal moral ; cet Hercule, qui, voyant un terme au crime, en met un à la vengeance : toutes ces idées, dis-je, sont d'une philosophie sublime, devant laquelle on doit trouver bien petites les Cosmogonies du Coran et du Pentateuque.

Sans chercher à concilier les fables qui servent d'enveloppe à ce récit, avec la vérité historique qui en fait la base, je me contenterai d'observer, qu'on ne peu exiger, dans une antiquité aussi reculée, un monument plus authentique que la tradition sur Prométhée, pour garantir le séjour du Peuple Primitif sur le Mont Caucase.

Eschyle, le Corneille des Grecs, a fait une tragédie sur ce sujet; c'est *Prométhée enchaîné au Caucase.* On ne peut lire ce drame fameux, sans rencontrer, à chaque scène, des preuves de la justesse de nos hypothèses.

Les principaux personnages de cette tragédie, sont l'Océan et les Nymphes de la Mer, qui viennent compatir aux maux de Prométhée. Assurément, il y a une trop énorme distance, dans l'état actuel du Globe, entre l'Océan et le Caucase, pour qu'Eschyle, toujours exact observateur des convenances dramatiques, eût osé mettre ensemble de pareils Interlocuteurs, s'il n'avait pas voulu désigner l'époque, où la Mer baignait de ses flots les Montagnes, qu'on suppose le berceau des Peuples Autochtones.

L'Acteur qui ouvre la pièce, arrivé au pied du Caucase, dit qu'il *touche aux extrémités de la terre.* Cette Montagne devait, en effet, passer, aux yeux des Grecs, pour les limites du monde, à une époque où toutes les plaines de l'Asie, qui sont au-delà, étaient ensevelies sous les eaux.

L'Océan dit à Prométhée, qu'il ne trouvera jamais d'ami plus fidèle; c'est que l'eau de la Mer, dépouillée de son sel caustique, et retombant, par l'effet de l'évaporation, en vapeurs, disposait, encore mieux que la main de l'homme, la terre du Caucase à la fécondité; l'Océan était, à cet égard, le conservateur des êtres que Prométhée avait créés.

Je ne m'arrête pas davantage sur la pièce d'Eschyle; les personnes qui jugent du théâtre d'Athènes par le nôtre, seraient tentées d'infirmer l'existence de mes Indigènes du Caucase, parce que je cherche à autoriser les Héros de l'histoire, par des personnages de tragédie.

Quelques Ecrivains ont tenté de fixer l'âge de Prométhée. Le Compilateur Grec, Suidas, suppose qu'il fut contemporain de Cécrops, Roi d'Athènes; le grand Newton, l'Apôtre des Astronomes, mais à qui il est échappé plus d'une hérésie en chronologie, en fait un neveu de Sesostris : il y a grande apparence que Suidas et Newton se trompent de plusieurs mille ans; mais vingt, trente, cinquante siècles même, ne sont qu'un point, pour nous, dans l'immensité des tems qui nous séparent du Monde Primitif.

SATURNE.

Sanchoniaton ne met aucun intervalle entre le règne d'Ouranos, dont nous avons déjà parlé, et celui de Chronos ou Saturne, qui va occuper nos pinceaux : de ce Chronos, dont le nom a acquis, dans les âges primitifs, la plus injuste célébrité, et qui intéresse singulièrement les âges postérieurs, parce que son histoire semble, à quelques égards, la clef de toutes les anciennes Mythologies.

L'Ecrivain de Phénicie l'appelle, d'abord, Ilus : c'est, suivant le Patriarche Photius, l'*El* de l'Orient, qui signifie *le Fort*, et dont Chronos paraît le synonyme : mais il est bien plus connu, en Europe, sous le nom de Saturne.

Les Ecrivains de l'antiquité ont épuisé leurs pinceaux à faire un portrait odieux de Saturne, et les Peuples, leur enthousiasme religieux à célébrer sa mémoire. Ce contraste singulier prouve qu'il y a une classe d'hommes qui ne s'éclaire jamais ; ce qui devrait bien engager les despotes à pardonner le peu de bien que font à la terre les livres des Philosophes.

Saturne, comme presque tous les tyrans, fut un homme faible, et qui se laissa gouverner; s'il eût eu pour Conseil un de ces Eunuques de Serrail, qui, sous le nom des statues couronnées qu'ils font mouvoir, régissent la moitié de l'Asie, il n'aurait fait que des crimes obscurs, mais le hasard voulut que son Grand Visir fût Hermès, et le tems a imprimé, sur les horreurs de sa vie, quelques traces de célébrité.

Hermès engagea, d'abord, Saturne à épouser les querelles de sa mère; il prévoyait que les Peuples, las de la tyrannie d'Ouranos, encourageraient les vengeurs de son épouse, dût la révolution être achetée par un parricide!

Les évènemens s'arrangèrent au gré de la politique ambitieuse de Saturne; Hermès forma, par son éloquence persuasive, un parti puissant contre Ouranos. La conjuration éclata; le vieux Roi perdit son trône, et Saturne régna à sa place.

On avait pris, dans le combat, la concubine favorite d'Ouranos, et elle était enceinte; son fils, abusant de sa victoire, la fit épouser à Dagon, son frère, comme s'il eût voulu accumuler sur la tête du vaincu toutes les espèces de désastres et toutes les espèces d'ignominies.

Saturne, maître d'un Etat puissant, par la réussite de ses complots, n'en devint pas plus tranquille; obsédé de cette sombre inquiétude de la défiance, qui venge les hommes des crimes qui restent impunis, il prit de l'ombrage sur la fidélité d'Atlas son frère, le força, peut-être par ses soupçons, à devenir coupable, et le punit d'une manière atroce. Sanchoniaton prétend que ce Prince fut enterré tout vivant; ce supplice affreux fut probablement porté dans l'Italie, avec le culte de Saturne. On sait que, dans la législation de Rome, on le faisait subir à la Vestale qui laissait éteindre son feu, ou qui perdait sa virginité.

Ce fut encore Hermès qui donna à Saturne l'idée de faire enterrer, tout vif, un frère, qui n'était coupable que pour l'avoir trop imité.

Le tyran, à force de braver ses remords, apprit peut-être à les éteindre : c'est alors qu'il égorgea, avec un cimeterre, Sadid, son fils, et qu'il coupa la tête à une de ses filles. Sanchoniaton dit, que tous les Dieux furent indignés : ces Dieux étaient les hommes puissans de cet âge primitif; leur indignation muette fut, à mon gré, complice de tant de parricides.

Ouranos, du sein de l'asyle où il était caché, apprit les nouveaux attentats de Saturne, et envoya trois de ses filles à sa Cour, pour préparer une révolution. L'usurpateur, adroit, vit le piége, gagna ses sœurs, et les épousa toutes les trois.

Il y avait déjà trente-deux ans que Saturne était sur le trône, lorsqu'il acheva d'être le Néron du Monde Primitif; il attendit, comme nous l'avons déjà dit, son père, dans un défilé, et le rendit Eunuque; cette abominable mutilation coûta la vie à sa victime.

Cependant les tyrans ont toujours quelques momens de léthargie, pendant lesquels le bien s'opère; Saturne, dans un de ces momens heureux, où ses regards farouches cessaient de se promener sur sa famille, fit un grand voyage, et les hommes qu'il gouvernait commencèrent à respirer.

Il avait fondé Byblos, l'une des plus anciennes villes du Globe, il alla bâtir, encore au pied du Liban, la ville d'Hyérapolis.

On ne dit pas s'il conquit beaucoup d'Etats, mais il en donna beaucoup : ce fut sa famille qui eut la plus grande part à ses largesses ; il ne savait punir, tout ce qui lui était cher, qu'en l'assassinant, et le récompenser, qu'en démembrant son Empire pour faire des Rois.

Il fit présent à Athéna, sa fille, du Royaume de l'Attique.

Astarté et Dione, deux de ses sœurs qu'il avait épousées, eurent en partage, l'une, la ville de Tyr, et l'autre, celle de Byblos.

Saturne comprit, dans ses bienfaits, une famille d'Atlantes, qui s'était alliée avec la sienne ; et il donna Béryte à Neptune, le même qui fonda l'Empire des Insulaires de l'Atlantide.

Hermès, qui lui avait tant servi pour assurer le succès de ses crimes et leur impunité, ne fut pas oublié. Le Sultan donna, à son Grand-Visir, l'Egypte en toute Souveraineté.

Saturne, au retour de ce grand voyage, où il avait fait tant de Rois, trouva que la famine et la peste exerçaient leurs ravages dans sa Capitale. Au lieu d'éloigner ces fléaux, par de sages Réglemens politiques, il appella la superstition à son secours ; il abandonna le rôle de Souverain, pour jouer celui d'augure ; il se fit circoncire, lui et tous les Soldats de son armée ; et comme cet étrange remède ne diminuait point la contagion, il couronna son ignorance barbare, en offrant, aux mânes d'Ouranos, un fils qui lui restait, en sacrifice.

Saturne, à l'exemple de son père, épousa toutes les femmes dont la beauté put parler à ses sens, et il en eut une nombreuse postérité.

Sa première femme lui donna Persephone, Athena, Sadid qu'il assassina, et une fille, sans nom, à qui il coupa la tête.

Nous avons vu qu'Ouranos, lui ayant envoyé trois de ses filles, Astarté, Rhéa et Dione, pour lui tendre des embûches,

il

il les punit en les épousant. Du premier de ces mariages incestueux, naquirent Pothos, Eros, et les sept Titanides; du second, Muth ou Thanathos, et sept fils sans nom, dont l'un est, sans doute, celui qui fut offert en sacrifice; du dernier, il ne sortit que des filles. Le mariage que Saturne contracta, dans la Perée, avec une femme inconnue, lui valut la naissance d'un nouveau Chronos, de Belos et d'Apollon. La plupart de ces enfans fournirent des Rois au Monde, et des Dieux à la Mythologie.

Parmi les sept fils que Rhéa donna à Saturne, il en est un dont la gloire a éclipsé celle de son père. Sanchoniaton ne le nomme pas, mais Diodore a suppléé à son silence : c'est le fameux Jupiter. Un Oracle avait prédit à Saturne, qu'un fils de Rhéa détrônerait son père. Celui-ci, persuadé, comme le furent, dans la suite, presque tous les tyrans de Rome, qu'on pouvait assassiner son successeur, étouffa tous les enfans de Rhéa, à mesure qu'ils virent le jour; la mère, enceinte de Jupiter, trompa, une seule fois, la vigilance de son farouche époux; elle accoucha secrètement, porta son fils sur le Mont Ida, et le confia aux Curètes, qui l'élevèrent, pour être, un jour, l'instrument terrible, mais odieux, des vengeances célestes.

L'Oracle fut enfin accompli : dès que Jupiter put connaître son père, il s'arma pour punir quarante ans de crimes. Saturne étant venu fondre sur lui, à la tête des Titans, il le défit en bataille rangée, le détrôna, et régna à sa place.

S'il en fallait croire le faux Plutarque, qui a écrit sur les Fleuves et les Montagnes, la scène de ce grand attentat (car c'en est un, à un fils, de punir les attentats d'un père); la scène, dis-je, de cette espèce de parricide, fut le Mont Caucase.

Lorsque Saturne, dit l'Anonyme, vit les Titans en déroute, il monta sur une des cimes les plus escarpées de cette Montagne-mère, y tua un berger indigène, qui, sans doute, lui refusa une retraite, et s'y métamorphosa en Crocodile; mais Jupiter parut, et précipita son père dans les abymes du Tartare.

Quoi qu'en dise le prétendu Plutarque, Saturne vaincu ne fut point précipité dans les Enfers. Une tradition constante et générale, dépose qu'à cette époque, il chercha un asyle dans l'Italie. Des Historiens même ont écrit, que ce Prince donna son nom à cette grande Péninsule de l'Europe, et sur-tout à la fameuse Colline de Rome, sur laquelle on bâtit, dans la suite, le Capitole.

Cette Italie, au reste, était comprise dans l'ancien Empire de la famille d'Ouranos. On se rappelle, sans doute, un texte célèbre, qui nous a servi à fixer la position de l'Atlantide, un texte où Diodore dit expressément que Saturne fut *Roi de Sicile, d'Italie et d'Afrique*; or, il est évident que l'Historien désigne, par ce trait, le moment le plus brillant du règne de ce Prince; et non celui où, détrôné par Jupiter, il erra dans ses vastes Etats, pour chercher un asyle qui pût le dérober à son fils, à ses anciens sujets et à ses remords.

Le texte de Diodore, qui fait Saturne Roi de Sicile, d'Italie et d'Afrique, jette le plus grand jour sur notre théorie de l'ancien Monde, nous l'avons déjà observé une fois. Arrêtons-nous encore un moment sur ce trait de lumière.

Il paraît, d'abord, qu'à l'époque du règne de Saturne, la partie Orientale de l'Europe, et la partie Occidentale de l'Asie, étaient figurées à peu près comme elles le sont aujourd'hui; ainsi, il y avait long-tems que la Mer avait abandonné le pied des Montagnes Primitives. Il s'était formé, des débris de l'Océan ; diverses Méditerranées, et, au milieu d'une d'entr'elles, étaient la Sicile et, peut-être, l'Italie.

Oui, je penche à croire que cette Italie, qui est une Péninsule aujourd'hui, ne tenait point au Continent, dans le siècle dont j'écris l'histoire. Il est probable, par exemple, que les deux Mers se réunissaient vers Bologne ; alors Ravenne n'existait pas, cette Ravenne, monument éternel de la retraite graduée des eaux, où l'on voyait des Flottes sous les premiers Césars, et où, depuis long-tems, on ne voit plus que des jardins.

D'un autre côté, les deux petites Presqu'isles, qu'on appelle vulgairement le pied et le talon de la Botte, semblent sorties récemment du sein de la Mer : et elles y seraient encore, si elles n'avaient pas, à leur centre, deux branches de l'Appenin, qui, en brisant, sans cesse, les flots de la Méditerranée et du Golphe Adriatique, ont dû les éloigner toujouss graduellemment de leurs rivages.

La partie la plus anciennement habitée de l'Italie, après les hauteurs de l'Appennin, a dû être la Tyrhénie, ou notre Toscane, parce que c'est la plus élevée ; c'est aussi la contrée où dominèrent, originairement, les Insulaires de l'Atlantide de Platon ; et c'est la seule dont les Peuples se soient dits Autochtones.

Ce coup-d'œil, sur l'ancienne Géographie, nous suffit maintenant pour apprécier l'Empire de Saturne, et pour le circonscrire dans ses justes limites.

Il est évident que l'Italie, à cette époque, pouvait n'exister que par la Tyrhénie et par la Chaine de l'Appennin. Elle formait une Isle, et cette Isle était séparée de la Sicile, par un long intervalle de mer. Depuis, les rivages correspondans se sont insensiblement rapprochés ; il n'y a plus, aujourd'hui, qu'un faible Détroit entre-deux ; et quand la marche lente des siècles aura fait un seul Continent de la Sicile et de l'Italie, on pourra en prédire la jonction avec l'Afrique, du côté du Golphe de l'ancienne Carthage.

Il résulte de cette théorie, que l'Afrique n'était encore, au tems que je décris, qu'une Isle formée par la Chaîne de l'Atlas, et par les Plaines élevées, qui entourent ces Montagnes. Assurément, Diodore n'aurait pas fait Saturne *Roi de l'Italie, de la Sicile et de l'Afrique*, si cette dernière région s'était étendue alors comme elle l'est sur nos Cartes ; c'est-à dire, du Sénégal au Détroit de Babel-Mandel, et d'Alger au Cap de Bonne-Espérance. Ce quart du Globe, habité, uni, sur la même ligne, avec le petit Ecueil de la Sicile, serait, dans l'Historien, la souveraine extravagance ; et on ne peut pas plus, dans ce sens, appeller un Monarque Primitif, Roi de Sicile et d'Afrique, que Louis Quatorze, Roi de France et de l'Isle de Noirmoutier.

Les Navigateurs, qui voguaient sous le pavillon de Saturne, n'avaient pu dominer sur la Méditerranée, sans reconnaître l'Atlantide. Il est vraisemblable qu'ils y laissèrent une Colonie, qui prospéra peu, et qu'ils oublièrent; les prétendus fils de la Terre, Leucippe et Evenor, en étaient les faibles restes; dans la suite, Neptune y aborda, du côté de l'Afrique, et jetta les fondemens d'une Puissance, dont le Monde connu commençait à s'alarmer, lorsque la Mer ayant franchi ses limites, l'Isle entière disparut.

Après ces notions géographiques, sur les vraies limites de l'Empire de Saturne, il faut, malgré la répugnance que le sujet m'inspire, revenir sur sa personne.

Saturne, banni de ses Etats; Saturne, errant d'asyle en asyle; Saturne, odieux au ciel, à son pays, et peut-être à lui-même, ne chercha point à faire oublier ses crimes, en faisant respecter ses malheurs. Il remplit la Terre des plus horribles superstitions; c'était le seul moyen qui restait à ce tyran, pour que le mal qu'il avait fait aux Hommes, pût lui survivre.

C'est à lui que l'ancienne Etrurie doit sa divination, ses aruspices, et ce vain amas de cérémonies frivoles, avec lesquelles le vulgaire crédule s'endort sur le passé, et prétend enchaîner l'avenir.

Après avoir rendu l'Homme petit, il le rendit cruel, afin qu'il lui ressemblât en tout. Les sacrifices humains paraissent de son invention : nous avons vu que ce monstre, teint déjà du sang d'un fils qu'il avait égorgé, et d'une fille à qui il avait coupé la tête, n'avait pu imaginer de moyen plus sûr, pour éloigner le fléau de la peste, que d'immoler un autre de ses enfans sur un autel. Il porta ces abominables sacrifices chez les Peuples à qui il allait demander un asyle ; et, pour prix de leurs bienfaits, il osa ainsi dégrader leurs ames, dénaturer leur culte et pervertir leurs mœurs jusques dans leur dernière postérité.

Les fanatiques que Saturne avait faits, le voyant, aprèssa mort, au rang des Dieux, crurent l'honorer d'une manière digne de lui, en faisant ruisseler le sang humain sur ses autels. On connait les horreurs de ce genre, qui souillent les fastes du Globe, à le prendre depuis la naissance du Liban, jusqu'au Détroit de Gibraltar ; le tableau des enfans jettés, par leurs pères, dans les bûchers de Moloch, le Saturne des Cananéens, celui des mères, arrachant de leur sein le fils qu'elles allaitent, pour le porter dans les bras de la statue, embrasée, du même Dieu honoré à Carthage ; enfin, ce culte horrible, propagé dans toute l'Afrique, et jusques dans les Gaules, malgré le traité de Gelon, le cri de la Nature, et la réclamation des Philosophes.

On s'attend bien que l'Italie, où Saturne traîna son obscure vieillesse, ne fut pas exempte de cette contagion sacrée, qui infectait la Terre à son passage; et, en effet, l'histoire de cette Contrée autorise nos conjectures: mais, comme le nom de l'abominable fils d'Ouranos, n'a déjà que trop souillé mon imagination, et fatigné ma plume, je me contenterai de transcrire, ici, un texte de Denys d'Halicarnasse.

« Les anciens Habitans de l'Italie étaient » dans l'usage d'offrir des victimes hu- » maines à Saturne, ainsi que cela se » pratiquait dans Carthage, tant que cette » ville a subsisté, et comme cela se pra- » tique encore aujourd'hui dans les Gaules, » et parmi quelques autres Peuples de l'Occi- » dent. Hercule, voulant abolir de pareils » sacrifices, érigea un autel sur une Col- » line consacrée à ce Dieu, et apprit aux » Habitans du pays, à y offrir des victimes

» dont ils n'eussent point à rougir. Cependant, n'osant tout d'un coup détruire
» un usage enraciné par les préjugés de
» plusieurs siècles, il conserva une image
» de cette superstition, en ordonnant que,
» pour appaiser le courroux de Saturne,
» on jetterait, à l'avenir, dans le Tibre,
» trente figures d'osier, au lieu de trente
» vieillards vivans, que, jusques-là, on
» avait coutume d'y précipiter. »

J'ai rassemblé, dans les monumens historiques de l'antiquité, tous les faits qui peuvent servir à prendre une idée juste de Saturne.

Je dois la vérité aux Hommes, et je la leur dirai, lors même qu'elle humiliera leur orgueil.

Ce Saturne, l'assassin de son père, le bourreau de toute sa famille, le Dieu du mal, pour tous les pays qu'il a souillés de sa présence, a été le Héros des Poëtes, dans tous les âges.

Un des Philosophes les plus humains dont s'honore le siècle de la raison, l'Auteur des *Lettres sur l'Atlantide*, a écrit une chose non moins extrordinaire: c'est que l'histoire avait calomnié ce père de Jupiter.

Une tradition, presque universelle, a donné le nom d'Age d'or au siècle sur lequel il a tant influé par son règne si par ses crimes.

Enfin, pour couronner tant d'horreurs, un tiers du Globe a fait son apothéose.

Il faut plaindre l'esprit humain, et montrer aux enfans ce qu'ont été leurs péres, pour les rendre meilleurs, si cela est possible.

TIRESIAS.

Tiresias est le dernier personnage des âges primitifs, dont une philosophie conjecturale doit s'occuper; et encore ne faut-il le peindre, ici, que de profil, réservant, quand nous en serons venus à l'histoire de la Grèce, de le peindre en face, lorsqu'il s'agira de traiter, à la manière des Législateurs, la question morale de l'Hermaphrodisme,

Tiresias, non celui que la Grèce a fait contemporain des sept Chefs devant Thèbes, mais le Héros original d'après qui ce dernier a été modelé, est un des Personnages du Monde Primitif, sur lequel on s'est réuni à accumuler le plus de merveilles : il est vrai que ces merveilles ont une teinte de haute antiquité, dont les Poëtes du siècle de Périclès ne pouvaient imaginer la pensée primordiale; et c'est ce qui nous engage à ne point les confondre avec les contes bleux des Théogonies et des Métamorphoses.

D'ailleurs, Homère, qui a réuni, dans ses Poëmes immortels, tant de traditions des âges inaccessibles à notre Chronologie, avait une haute idée de Tiresias : après l'avoir *mis* en parallèle, dans l'Odyssée, avec une foule de morts qui ne jouissaient que d'une réputation usurpée. « Ce Héros » seul, dit il, a une tête forte et active; » tous les autres ne sont que de vains » phantômes. »

Tiresias était indigène, c'est-à-dire, né chez un Peuple qui commençait la hiérarchie des races humaines; c'est à quoi Apollodore fait allusion, en le faisant descendre des êtres phantastiques, issus des dents de serpent semées en terre par Cadmus. Ce fils de la Terre reçut, d'une nature, alors pleine d'énergie, tous les attributs qui pouvaient caractériser sa toute puissance.

Sa vie fut plus longue que celle des êtres énervés, qui, plusieurs myriades de siècles après, firent son apothéose. Hygin et Phlégon, qui écrivaient d'après des mémoires originaux que le tems a anéantis, déclarent formellement qu'il vécut sept âges d'hommes, ce qui suppose une carrière de six cents cinquante à sept cents ans.

Un Héros qui vit sept âges d'hommes, doit avoir les organes plus parfaits, que celui qui ne peut atteindre le sixiéme de sa carrière; aussi, à cet égard, Tiresias ne trouva point une nature marâtre : ses sens acquirent, en se développant, une supériorité que notre imagination, toute audacieuse qu'elle est, peut à peine saisir. Tel est le simple cannevas que nous indique une philosophie austère. Voici comment il a été brodé par les Poëtes Historiens qui ont transporté, à Thèbes, le Héros du Caucase.

Tiresias, disent les Grecs, avait, pour mère, une Nymphe Chariclo, qui était au service de Minerve : un jour, que la Déesse sortait de son lit, ou du bain, le jeune Héros, qui ne la cherchait pas, la vit,

. . . . Dans ce simple appareil,
D'une beauté qu'on vient d'arracher au sommeil.

Minerve.

Minerve, indignée, s'il en faut croire Phérecyde, s'élança sur lui, et l'aveugla de ses propres mains; mais bientôt, revenue à elle-même, et émue des larmes touchantes de Chariclo, elle dédommagea l'infortuné, en lui perfectionnant l'ouïe, et en le rendant capable d'entendre le langage des oiseaux.

Le don le plus étonnant que Tiresias reçut de la Nature, fut une supériorité physique sur les autres hommes, par la perfection de ses organes générateurs : il paraît qu'il pouvait engendrer et concevoir, c'est le dernier période de l'Hermaphrodisme.

Maintenant arrêtons-nous sur la manière, également ingénieuse et folle, dont les Grecs ont arrangé cette tradition antique, afin de calquer leur Tiresias sur celui du Caucase.

Hésiode, dans Apollodore, prétend que le Héros, se promenant aux environs de Thèbes, rencontra deux Serpens qui frayaient : il fallait que ce fussent des Dieux ainsi métamorphosés en reptiles : car Tiresias les ayant frappés de son bâton, fut puni à l'instant de son audace, et devint femme. Au bout d'un certain intervalle, (Ovide le calcule de sept ans) le Thébain rencontra les mêmes Serpens, encore en jouissance, et les frappa de nouveau ; apparemment les Dieux reptiles se trouvèrent moins offensés, car le Héros ne fut puni, qu'en recouvrant son premier sexe, et il redevint homme.

Sur ces entrefaites, il y avait eu, dans l'Olympe, une querelle assez vive, entre Jupiter et Junon, sur l'intensité du plaisir que procure, aux individus des deux sexes, leurs jouissances ; comme Tiresias avait eu cette double expérience, il fut choisi pour arbitre, et décida que, sur dix degrés de plaisir, la femme en goûtait neuf : ce n'était pas l'avis de Junon ; et elle punit l'Hermaphrodite, en l'aveuglant : il est vrai que celui-ci fut un peu dédommagé, par le Maître du Tonnerre, qui, ne pouvant lui rendre la vue physique, doubla celle de son entendement, et en fit un Prophète.

Tiresias, aveugle et devin, erra longtems dans le Péloponèse, écrivant des livres sur les présages, qui n'instruisaient que lui, et annonçant, à la multitude, des désastres que, suivant son usage, elle ne croyait pas ; enfin, parvenu à une vieillesse qui excitait l'envie, il but, avec trop d'avidité, de l'eau de la fontaine de Tilphose, et mourut subitement, léguant à sa fille Manto, non son Hermaphrodisme, mais son goût pour les arts et son don de prophétie. La ville d'Oschomène fit son apothéose.

DE LA MARCHE

DE L'ESPRIT HUMAIN,

A une époque intermédiaire du Monde Primitif.

SI jamais l'audace cararactérisât une entreprise, c'est lorsque, jettant un regard inquiet derrière nous, et voyant, à un long intervalle, le tems qui détruisait, en silence, tous les vieux monumens dont le monde s'honore, nous tentâmes de déchiffrer, çà et là, quelques lignes, à demi effacées, de ces inscriptions vénérables, de leur donner un sens suivi, et d'en faire la base de l'Histoire de l'Homme Primitif.

Eh! que pouvait-on attendre de plus, de nous, à l'entrée d'une si vaste carrière? Placés entre le néant des siècles qui ne sont plus, et le néant des siècles qui sont à naître, il ne nous restait, pour rendre universel le dépôt de nos connaissances historiques, que de jetter, aux deux extrémités de l'édifice, des pierres d'attente, qui s'unissant, d'un côté, au passé, et de l'autre, à l'avenir, pussent, s'il est permis au Philosophe de s'exprimer ainsi, atteindre, un jour, aux limites de l'éternité.

Nous avons posé ces pierres d'attente à la tête de cette Histoire du Monde Primitif; une des plus remarquables, est le résultat que présentent les faits que nous avons rassemblés sur la retraite de l'Océan, et sur la conciliation de l'ancienne Géographie avec celle des tems modernes. Nous aimons à croire que ce corps d'observations sera augmenté d'âge en âge; ainsi, chaque génération, ajoutant à l'ouvrage de celle qui l'a précédée, le mur établi sur nos pierres d'attente, touchera, d'un côté, à la formation du Globe, et de l'autre, à sa catastrophe.

De ces deux époques, il en est une dont l'intérêt se fait bien moins sentir pour nous; c'est celle qui regarde le Monde, penchant vers sa décrépitude. Nos regards se détournent d'eux-mêmes de tout ce qui s'éteint; le spectacle d'une Nature muette et sans énergie nous attriste; et quelqu'antiques que soient les rides du Globe, elles ne peuvent arracher, de nous, ce sentiment de vénération, que nous avons naturellement pour celles d'un grand homme.

Il n'en est pas de même de la première période; un monde qui commence, a, pour le Philosophe, un charme secret qui l'entraîne. Persuadé que sa faiblesse originelle ne vient point d'une nature qui s'épuise, mais d'une nature qui se développe, il voit, jusques dans son impuissance primitive, les germes de sa prochaine fécondité. Ces Montagnes isolées, qui élèvent lentement leur tête circonscrite au-dessus des eaux, lui annoncent l'époque où Rome, maîtresse d'un Continent presque entier, étendra ses bras victorieux du Cercle Polaire à l'Equateur. Cette race d'Insulaires, peu nombreuse, qui s'agite obscurément dans les déserts qu'elle habite, pour suppléer à l'absence des loix qu'elle n'a pu encore créer, lui fait pressentir une génération brillante, qui, dans l'âge de la maturité du Globe, enchaînera les hommes par le pacte social, et donnera ainsi un appui à la morale, et une base à la vertu.

Je vais porter, un moment, le flambeau de l'analyse philosophique, autour des ténèbres de ce Monde Primitif.

C'est sur-tout la gradation de l'esprit humain, que je tâcherai de saisir; car le tableau des mœurs et des arts, entre particulièrement dans le plan de cet Ouvrage; et l'Historien de l'Homme doit indiquer la marche de son intelligence.

Je vois, d'abord, que l'Homme Primitif,

borné au soin de vivre et de se propager; a eu une existence animale, plutôt qu'une existence intellectuelle : ce sont les besoins qui secouent notre entendement; eux seuls nous apprennent l'usage de nos organes, nous en créent de nouveaux, et doublent, par-là, les forces de notre intelligence.

A mesure que le Peuple Primitif se multiplia, il sentit la nécessité d'avoir une volonté générale, qui rectifiât, à chaque instant, la volonté des individus : alors naquit le Gouvernement.

La volonté générale, dans tout pays que le despotime d'un seul n'a pas abruti, constitue ce qu'on appelle la Souveraineté. Un père de famille se trouva chargé d'interpréter cette volonté générale, et cet homme fut un Roi.

Le sentiment du besoin d'être gouverné, annonce une révolution dans les idées : ainsi, à cette époque, l'esprit humain fit un pas.

Il en fit un second à la naissance de la propriété. Long-tems le Peuple Primitif, circonscrit dans l'Isle du Caucase, s'était contenté, pour sa nourriture, des fruits qu'une terre vierge lui fournissait en abondance; mais lorsqu'une immense population le força à cultiver cette terre, qui ne répondait plus à son attente, chaque Cultivateur put dire : ce champ, qui porte l'empreinte de mon travail, est à moi. Dès-lors la propriété vint avec l'industrie et les arts, et le Monde social roula sur un axe nouveau.

L'Homme Primitif ne naquit ni bon ni méchant : c'était un automate dont les ressorts attendaient, pour être montés, la main des êtres avec qui la Nature lui avait enjoint de vivre.

En général, l'éducation sociale est le Prométhée qui vivifie la statue de l'Homme. Faites naître Brutus ou Timoléon dans un serrail de l'Asie, et il mourra, ignoré, dans la foule des esclaves ; transportez le Sybarite Smyndiride, que le pli d'une rose empêche de dormir, dans Sparte neuve encore, et il ira mourir, avec Léonidas, aux Thermopyles ; un Cannibale, élevé par Fénélon, pourra le remplacer ; et Fénélon, né parmi les Cannibales, ne sera qu'un tyran de plus, qui pesera sur la surface du Globe.

L'Indigène du Caucase, né avec des organes vigoureux, et une intelligence susceptible d'être modifiée par les besoins, par l'éducation et par l'habitude, a donc pu entrer aisément dans le Monde Social. Dès qu'il s'en est frayé les avenues, l'horizon de ses idées s'est développé ; les arts, qu'il appellait, sont venus à sa voix, et la réflexion, aussi bien que le hasard, ont pu concourir à une foule de découvertes.

La marche de la civilisation fut bornée, sans doute, tant que l'Homme Primitif se vit resserré dans l'Isle du Caucase. Ne pouvant faire, avec des Peuples qui n'existaient pas encore, un échange de lumières, il fut réduit à interroger la Nature, au sein de sa Montagne, et sur les bords de l'Océan qui bornait sa prison : cette carrière n'était pas assez étendue pour l'Homme de génie. Les Bacon, les Newton, ne pouvaient naître, à l'origine de la civilisation, sur le Caucase, et son Peuple n'était éclairé, qu'autant qu'il lui fallait pour être heureux.

Dans la suite, les pics des Montagues inférieures de la Chaîne du Caucase, se découvrirent. L'Insulaire Primitif, apprivoisé avec la fureur des vagues, se construisit, pour y aborder, une demeure flottante ; l'art de la Navigation se vivifia, les Colonies du Peuple Primitif commercèrent avec la Métropole, et on en vint jusqu'à chercher, au travers de Mers inconnues, des Mondes nouveaux, sur la parole d'un Pilote, et sur la foi des Etoiles.

Je ne balance pas à regarder cette époque

de la Navigation perfectionnée, comme la ligne intermédiaire qui sépare le Globe enfant, du Globe dans sa maturité.

Ce serait un spectacle bien curieux, sans doute, pour des hommes dégénérés, que de voir ce que put autrefois la raison, lorsque la Nature avait toute la vigueur de l'adolescence; mais tous les monumens, qui pouvaient en perpétuer le souvenir, sont anéantis. L'Histoire de l'Esprit humain, dans les siècles les plus heureux, se réduit à quelques lignes, et encore ces lignes n'ont-elles qu'un sens caché, même pour le vulgaire des Philosophes.

Lorsque le Peuple Primitif alla vivifier les déserts de la Chaîne des Atlas, il y avait long-tems que l'entendement humain était assez mûr pour opérer de grandes choses; mais le Soleil d'Afrique, favorable, peut-être, à l'imagination des Poëtes, ne convenait pas à ce sang-froid philosophique, qui étudie, avec méthode, les principes de la Nature, qui les analyse et qui les enchaîne ; et c'est sous un autre climat qu'il faut chercher ces Génies supérieurs, qu'après quelques générations, toute la Terre adopte, parce qu'ils ont moins travaillé pour leur Patrie que pour le Genre humain.

Tout nous ramène au Plateau de la Tartarie, tout nous y indique un foyer de lumières, dont les rayons, dispersés en Asie et en Europe, ont, après une foule de siècles, éclairé les Brames de Benarès, produit l'Académie de Balk, et, peut être, préparé le siècle d'Alexandre.

La Colonie de la Tartarie, avait quitté, sans doute, depuis long-tems, les Hyéroglyphes, pour prendre l'écriture en caractères, quand elle commença à élever l'édifice des connaissances humaines. Les Hyéroglyphes forment un langage trop compliqué et trop dépendant, soit du caprice de l'homme qui le parle, soit de celui de l'homme qui l'interprète, pour qu'il devienne l'idiôme de la raison. L'autre écriture est la seule digne d'un siècle éclairé ; et plus les caractères en sont simples, plus elle mérite de fixer la pensée, et de transmettre, aux dernières générations, les monumens du Génie.

Il y a beaucoup d'audace, sans doute, à rechercher, parmi toutes les langues antiques, dont il reste quelque trace dans l'Histoire, celle qui se rapproche le plus de la langue primitive, qu'a dû parler le Peuple antérieur de la Tartarie; mais le scepticisme avec lequel j'expose mes conjectures, prouve le desir que j'ai qu'on les rectifie. Il me semble que l'idiôme des Insulaires d'Iambule, serait digne, par la construction simple et hardie de son alphabet, de représenter cette langue primitive. On n'y admettait, comme j'ai déjà eu occasion de l'observer, que sept caractères; mais chacun d'eux avait quatre positions différentes, ce qui forme vingt-huit lettres ; les lignes y étaient tracées, non de gauche à droite, comme parmi nous, ni de droite à gauche, comme dans quelques langues de l'Orient, mais de haut en bas. On voit que cet alphabet, le plus simple de tous ceux qui sont connus, tient essentiellement à des élémens primitifs, et qu'il a pu servir à transmettre, chez les Peuples de l'ancienne Asie, les connaissances des Pline et des Bacon du Plateau de la Tartarie.

Si cet alphabet d'Iambule se trouvait sur quelques monumens, on verrait le rapport qu'il a avec les alphabets primitifs de l'Asie, tels que l'Allmosnad, tracé, en Arabie, du tems du Patriarche Joseph, et dont les Arabes eux-mêmes ont perdu l'intelligence ; les caractères Samskretans, que les Gentoux croient tenir du Dieu Brama, et les lettres qui composent la langue sacrée du Tibet ; mais ici, les conjectures philosophiques ne peuvent pas tenir lieu de faits ; et la Grammaire connue des Arabes, des Lamas et des Brames, ne conduit pas à deviner celle d'une des Colonies du Caucase.

Les Tartares Primitifs ont des signes pour fixer la pensée fugitive ; si nous y ajoutons un climat tempéré, une religion pacifique, et un Gouvernement qui respecte les propriétés, nous verrons naître, dans leur Patrie, d'abord, les arts grossiers, inventés par le besoin, ensuite le goût qui les perfectionne, et enfin la raison qui les analyse, et leur assigne un rang dans l'échelle de nos connaissances.

Dès que l'Homme sut écrire, il sut peindre ; car on sait que la première écriture est hyéroglyphique, et un Hyroglyphe n'est autre chose qu'un tableau.

Le fameux Hermès, qui avait beaucoup voyagé en Asie, apprit, probablement, les élémens de la Peinture, parmi les Tartares Primitifs ; et, à son retour, il cultiva cet

art

Art avec tant de succès, qu'il devint le Vandick de son siècle. Sanchoniaton parle fort au long, dans son fragment, des portraits ressemblans qu'il fit de toute la famille de Saturne.

J'ai toujours soupçonné qu'il fallait rapporter, à cette époque, les originaux de ces Peintures de Centaures, de Panthères marines, et d'autres objets de la Nature, dont les analogues n'existent plus, sur lesquelles le pinceau de Xeuxis s'exerça, et qu'on a retrouvés, de nos jours, dans les ruines de Pompeyes et d'Herculanum. Il est certain que, lorsque la Nature, plus proche de son adolescence, était plus féconde en principes générateurs, il devait émaner de son sein une foule d'êtres; que les glaces de sa vieillesse ont fait disparaître, et que nous ne traitons de monstres, que parce que notre entendement circonscrit ne peut se faire une idée de ses Ouvrages, au tems de sa toute puissance.

Parmi ces êtres, que notre orgueilleuse ignorance croît les fruits de l'imagination désordonnée d'un Artiste en délire, il faut mettre l'amphybie, tenant de la Panthère et du Poisson, qu'un beau tableau d'Herculanum nous représente, apprivoisé par une Bacchante toute nue, qui lui offre un breuvage dans une coupe d'or : il n'y a rien assurément, dans la composition de cette peinture, qui nous transporte dans un monde fantastique ; rien qui répugne aux Loix connues de la Physique ; rien que la Philosophie ait droit d'appeller une erreur de la Nature.

Les Arts d'agrément ne sont séparés que par des nuances légères, parce qu'ils ont tous pour base l'imitation de la Nature. Or, la main légère de l'Artiste n'a pu s'exercer à dessiner un oiseau, que son gosier n'ait tenté auparavant de répéter son ramage. Cette partie de la musique, qu'on appelle la mélodie, remonte presqu'aussi haut que l'usage de la parole. Il n'en est pas de même de l'art de combiner les sons qu'on nomme harmonie; c'est le fruit d'une métaphysique profonde, fondée sur les expériences délicates d'une oreille fine et exercée. Il pourrait donc se faire que ces Insulaires Hyperboréens que nous avons représentés, comme formant un Peuple de Musiciens, n'eussent aucune connaissance de la science des accords. L'Apollon, auquel leur isle était consacrée, et qui, dit-on, les honorait, tous les dix-neuf ans, de sa présence, ne jouait que de la lyre, pendant ses apparitions nocturnes. Ce ne fut que long-tems après qu'on apprit à marier les sons d'un instrument avec ceux de la voix; et alors la Grèce fit du Dieu de la Lyre, le Dieu de l'Harmonie.

L'art de modeler des hommes en argile ou en marbre, n'est pas aussi compliqué que celui de faire concourir une suite non interrompue d'accords, aux plaisirs de l'ame et de l'oreille ; ainsi l'Athènes des Tartares Primitifs pourrait avoir eu des Pigalle et des Girardon, quoiqu'elle n'eût produit ni des Piccini, ni des Pergolèse. On peut juger des progrès que fit la Sculpture dans le plus bel âge de l'industrie humaine, par les prodiges qu'elle exécuta, long-tems après, dans l'Atlantide de Platon. On se rappelle les Statues d'or, qui décoraient le fameux Temple, décrit par le Disciple de Socrate; les cent Néréïdes qui y étaient représentées, assises sur des Dauphins, et sur-tout ce Neptune debout, sur un char attelé de six chevaux ailés, dont la taille colossale touchait au faîte de l'édifice. Il est vrai qu'il faut un peu se défier de l'imagination brillante de Platon, qui créait peut-être ses Temples comme ses Républiques. Il est certain du moins que cette Czarine, qui a élevé, à grands frais, à Pierre-le-Grand, un monument digne de tous deux, ne ferait pas exécuter celui de l'Atlantide, quand elle disposerait, pendant un demi siècle, du génie de Falconnet, et de l'argent de toutes les Russies.

Que dire encore de ce Temple de l'Atlantide, qui avait un stade ou trois cens six pieds de longs, et trois Plethres, ou environ soixante pieds de large, dont les murs extérieurs étaient revêtus d'argent, et le faîte couvert de lames d'or? Ovide, comme je l'ai déjà fait pressentir, peut décorer ainsi le Palais du Soleil; mais une Histoire Philosophique ne doit pas être écrite du style des Métamorphoses.

J'aime mieux juger de l'Architecture Atlantique, par le Temple de Jupiter, élevé dans une isle de l'Archipel Panchéen, que nous connaissons, par le témoignage d'Evhémère. Cet édifice, du moins, n'était bâti que de pierres de taille; il est vrai que l'Historien lui donne deux arpens de long sur une largeur proportionnée, ce qui suppose une étendue plus grande que celle de la Basilique de St-Pierre, la plus vaste du Monde connu; mais enfin, un ouvrage qui n'exige que de la patience, est possible, quand on trouve des bras pour l'exécuter. Les Pharaons ont bien élevé des pyramides. De plus, il n'est pas dit que le Temple Panchéen fut terminé par une voûte hardie, comme celle du Temple de Rome. Il n'est pas dit que le Michel-Ange des Atlantes, trouvant un Panthéon dans son isle, le plaçât dans les airs, pour en faire le dôme de sa Basilique; ainsi, rien ne peut diminuer la gloire des Architectes de Saint-Pierre.

Les Arts, du Plateau de la Tartarie, se répandirent dans le reste de l'Asie, et de-là en Afrique et en Europe; mais, quoiqu'on ne les ait connus que dispersés, il est aisé de s'appercevoir qu'ils tinrent originairement à un systéme général. Les peuples intermédiaires, entre la Colonie Tartare du Caucase, et les Grecs, les cultivèrent avec des succès différens, mais sans remonter aux principes ; par tout les connaissances humaines étaient des rameaux isolés, et le tronc qui les réunissait, ne se trouvait que dans l'Athènes du Plateau.

Ce n'est pas une légère observation, que celle qui fait résulter des manières diverses de calculer les tems, trouvées dans l'Inde, à la Chine et en Egypte, les mêmes Sinchronismes.

C'est encore un grand trait de lumière, jetté dans la nuit du Monde Primitif, que la découverte d'une mesure uniforme, d'où dérivent toutes les mesures itinéraires de l'Antiquité. Je veux parler de la grande coudée de vingt pouces et demi, conservée sur le Nilomètre du Caire ; coudée, qui, ainsi que je l'ai déjà observé, n'est point dans la proportion de la stature humaine, telle qu'elle existe aujourd'hui, et qui suppose un Peuple de Géans, Instituteurs d'une foule de Peuples dégénérés.

Je voudrais bien suivre la chaîne qui liait entr'eux tous les Arts dans l'Athènes de la Tartarie; mais le tems destructeur a cassé presque tous les anneaux de cette chaîne, et j'aime mieux, en qualité d'Historien, franchir les intervalles, que les suppléer.

Je regrette, sur-tout, de ne point parler des Beaux-Arts, qui sont sûrs de régner partout, où une imagination, embellie par la Culture, s'exerce sous un ciel riant, et s'addresse à des hommes, supérieurement organisés. Sous ce double rapport, on ne peut contester qu'il n'y ait eu des Homère et des Démosthène dans l'Athènes du Plateau.

De toutes les branches de la Poésie, la seule dont je soupçonne d'avoir rencontré quelques traces, est l'Apologue, sur-tout cette espèce d'Apologue Philosophique, dont la moralité, offrant les idées primitives sur le Pacte Social, annonce des

J'avais faim, j'étais seul à veiller sur mon sort.
Jeunesse de renard aisément se confie
Quand nature disait: là je place ta vie,
[illegible]

tems voisins du berceau de la civilisation. C'est sous ce point de vue, que je fais remonter au siècle des Tartares, Instituteurs des Hommes, une fable indienne, dont un de mes amis, qui a voyagé à Benarès, m'a donné le canevas, et dont j'ai essayé de rendre le sens moral dans la langue, si difficile, de Lafontaine.

Il s'agit d'un Renard, qui, pris au piège, en instruit un autre sur son infortune.

> J'avais faim : j'étais seul à veiller sur mon sort.
> Jeunesse de Renard aisément se confie.
> Quand Nature disait : là, je place ta vie,
> L'Homme m'a dit envain : là, t'attendra la mort.

Je ne sais ; mais je trouve, dans le manuscrit du même Voyageur, l'idée mère d'un autre Apologue, qui porte encore plus l'empreinte des âges voisins de l'organisation sociale.

Et cette croyance s'est si fort affermie dans mon entendement, par la réflexion, que j'ai osé, au-dessous de l'estampe, destinée à consacrer ce trait ingénieux, sans autre autorité que celle de ma raison, mettre ces mots : *Fable du Monde Primitif.*

Le site représente un de ces gras pâturages, qu'on retrouve, à chaque pas, sous le beau ciel de l'Asie; il est fermé d'une palissade; et parmi plusieurs quadrupèdes, que la faim semble dévorer, il en est un qui tente de la franchir. Un jeune berger le frappe avec violence, pour ne point laisser violer son asyle; et celui-ci répond, avec une justesse, que la Philosophie des tems primitifs pouvait avouer.

Pourquoi fermer ce pâturage,
Enfant, dont la faiblesse a subjugué tes Rois?
Si l'homme, bien moins fort, nous fait subir ses loix,
Soyons nourris, du moins, pour prix de l'esclavage.

Quant aux autres classes de Poëtes, et aux Orateurs des Tartares Primitifs, il ne nous reste absolument rien de leurs Ouvrages; mais, certainement, ils ont eu de beaux génies, en ce genre, dont ils se sont honorés, puisqu'ils ont joui d'un siècle de

Pourquoi fermer ce paturage,
Enfant, dont la faiblesse a subjugué tes rois?
Si l'homme bien moins fort nous fait subir ses loix,
Soyons nourris du moins pour prix de l'esclavage.

lumières ; telle est la marche de l'esprit humain. Le goût précède toujours la raison. On a des Bossuet, des Racine et des Molière, long-tems avant d'avoir des Locke, des Condillac et des Montesquieu.

La morale, chez ce Peuple, qui n'était dégradé, ni par la superstition, ni par le despotisme, ne pouvait être que très-simple ; elle devait consister à être bien avec Dieu et avec les hommes, à ne se trouver jamais ni en-deçà, ni au-delà de la Nature.

Sa philosophie, fondée à la fois sur le respect dû au pacte social et sur l'indépendance des préjugés, devait consister à ne vendre son ame au caprice d'aucun despote, à juger les hommes sans troubler leur repos, et à ne penser que d'après soi-même, les loix et la vertu.

Le moment des conjectures est passé, et les traits que j'ai à ajouter au portrait du Peuple éclairé du Plateau, peuvent être confiés au burin de l'Histoire.

La Physique, ou la Science des faits naturels, science que la Grèce elle-même, toute orgueilleuse qu'elle était, n'a fait qu'entrevoir, a fait la gloire du siècle des Tartares Primitifs.

Ce Peuple ingénieux ne reconnaissait qu'un principe de tout, qui était le feu élémentaire. Avec cette clef ingénieuse, il ouvrait toutes les portes du monde physique, il expliquait la génération des êtres, leur destruction apparente et leurs métamorphoses.

Cette théorie sublime ayant passé des Philosophes à la multitude, elle en abusa, et de-là vint le Sabisme, ou le culte du feu, la moins absurde des religions, quand on a abandonné celle de la Nature.

Les Athéniens du Plateau avaient eu besoin de monter de vérité en vérité pour arriver au systême du feu principe ; mais il ne leur avait fallu que jetter un regard autour d'eux, pour s'assurer de l'influence des eaux sur l'organisation du Globe. Cet élément dominateur semblait menacer, à chaque instant, d'envahir leur patrie ; ils l'étudièrent avec soin, ils sondèrent ses abîmes, ils soumirent à des loix les désordres de sa surface ; et quand on le connaît aussi bien, on ne tarde pas à le subjuguer.

Je ne sais si je me trompe, mais il me semble que plus on remonte vers le berceau du Monde Primitif, plus on s'approche du vrai systême de la terre. Qu'on songe qu'à cette époque, l'Océan moins contrarié par les courans, n'ayant point devant lui ces vastes continens qui rompent l'effort de ces vagues, devait avoir une marche égale et une action uniforme. Or, plus les phénomènes que présentaient son balancement étaient constans, plus ils étaient aisés à expliquer

Les vents ne se trouvant pas encore contrariés dans leur cours par l'architecture compliquée du Globe, ils dérivaient peut-être tous de la raréfaction de l'air, comme le vent d'Est sous les Tropiques, ce qui simplifie prodigieusement leur théorie.

L'oscillation du flux et reflux, étant moins sujette à varier, on était plus à portée d'observer l'action de la Lune sur la masse des Mers, et de la soumettre à des calculs.

Ces calculs sur le phénomène des marées ne pouvaient avoir de justesse qu'en admettant le grand principe, que tous les corps pèsent dans l'univers les uns sur les autres, en raison directe des masses, et en raison inverse du quarré des distances. Voilà donc les Hommes Primitifs sur la voie de la gravitation, et je ne serais point étonné que cette clef de la nature, avant d'avoir été trouvée par le Newton de l'Angleterre, l'eut été jadis par les Newton du Caucase.

La Colonie du Plateau Tartare ne fit,

je pense, que profiter des connaissances de sa Métropole sur la théorie des Mers, pour perfectionner la Géographie et la Navigation. Il n'est pas probable que cette théorie ne rémontât qu'au siècle philosophique qui m'occupe; elle était trop liée avec les besoins des premiers hommes, pour n'avoir pas été rencontrée sur le Globe, à l'époque de son adolescence.

Ce qui caractérise particulièrement le siècle du Périclès Tartare, c'est l'enchaînement que ses Philosophes mirent, sans doute, à cette foule de sciences qu'ils avaient découvertes, ou dont ils avaient hérité; avant eux, ces connaissances avaient paru éparses et mutilées; après eux, elles le devinrent encore. Voilà le sceau qui sert à distinguer l'Athènes Tartare, de toutes les villes qui se sont fait honneur de ses dépouilles, et le Peuple inventeur, des Peuples dépositaires.

Je me hâte d'arriver au dernier monument de la gloire de notre Peuple Primitif; monument inaccessible au scepticisme, et qui a servi à empêcher ce Peuple instituteur d'être effacé à jamais de la mémoire des Hommes.

Il est démontré que la Nation éclairée qui habita sur le Plateau de la Tartarie, fut une Nation d'Astronomes.

Il lui était aisé, *sans doute*, de marcher à pas de Géant dans cette belle carrière; tout concourait à la lui applanir : ce climat de seize heures, ce beau Ciel, si favorable aux observateurs, et cette heureuse distance, soit du Pôle, soit de l'Équateur, qui empêche le génie de s'épuiser en luttant contre la nature.

Le Tartare Primitif, commença par étudier le Globe, qui lui servait d'Observatoire quand il voulait dessiner la Carte nfinie du Firmament, et il ne tarda pas à reconnaître sa sphéricité; il alla plus loin, et combinant des observations astronomiques,

nomiques, faites en Asie, et sur la Chaîne de l'Atlas à des intervalles de tems immenses, il en conclut l'applatissement de la Terre vers le Pôle. Théorie qui a semblé perdue peut-être, pendant cent siècles, et qui retrouvée de nos jours à force de génie et d'expériences, à fait la gloire des la Condamine, et des Maupertuis.

Et quand je fais l'honneur à une haute antiquité de cette doctrine, de l'applattissement du Globe, j'ai un garant de la sagacité du peuple instituteur, du moins dans les monumens des peuples dépositaires.

On sçait que Varron, le plus savant homme de son siècle, avait profité des conquêtes de Rome, en Asie et en Afrique, pour rassembler les débris épars, d'un grand nombre de connoissances humaines; or, Varron dit expressément, que la Terre est d'une sphéricité oblongue : il compare sa configuration avec celle d'un œuf; nous n'avons plus le *traité de géométrie*, où cette doctrine était consignée sans doute, avec ses garans ; mais l'opinion de ce célèbre Romain, nous a été transmise par le véridique Cassiodore, et cette opinion n'était qu'un vain dépôt ; car on sait que Rome n'a jamais rien créé en astronomie.

Il paraît que ce peuple instituteur était parvenu au vrai systéme planétaire qui s'est perdu eusuite, et que l'Europe instruite cependant par les erreurs des Grecs, n'a retrouvée qu'après vingt siècles de tâtonement. Ce systéme, qui consiste à placer le Soleil au centre des planètes, suppose un effort prodigieux de génie de la part de ses inventeurs ; car quand on s'en rapporte au témoignage de ses sens, quand on voit l'astre de la lumière parcourir tous les jours d'Orient en Occident la carrière céleste : quand l'œil rapporte sans cesse la position des astres à divers points de l'espace, il est bien difficile de soupçonner que tous ces phénomènes dérivent de la rotation du seul Globe, qui nous paraît immobile, et le philosophe qui cherche à les expliquer, doit épuiser toutes les hypothèses les plus absurdes, avant d'arriver à la vérité.

Il nous reste un texte d'Aristarque de Samos, sur ce beau système de Copernic, qui remonte au moins dix-huits cents ans avant que Copernic lui-même l'eût imaginé. On y voit que le Soleil et les Fixes sont immobiles dans le Firmament : que la Terre décrit une orbite autour du disque solaire, et que la distance des étoiles est incalculable à notre foible philosophie. Toutes ces grandes vérités astronomiques, conservées par Aristarque, sont réunies dans un passage célèbre de l'*Arenarius* d'Archimède.

Mais Aristarque n'a tiré aucun parti des grandes idées que le Soleil étoit le centre de notre Système planétaire, et que chacune des Fixes étoit de son côté, le centre d'un autre Systême dans les déserts infinis du Firmament; ce qui démontre que ces idées ne lui appartenaient pas; car si le germe en était né dans son entendement, il aurait, avec cette double clef, ouvert toutes les portes de l'univers.

La vérité est qu'Aristarque ainsi que les Grecs de presque toutes les écoles philosophiques, tenaient leurs théories des prêtres de la haute Egypte, qui les avaient reçues des Mages de la Chaldée, instruits eux mêmes ou directement, ou au moyen d'un peuple intermédiaire par les Astronomes antiques du Plateau.

Au reste, il était bien plus aisé aux Tartares Primitifs, qu'à nous, d'avoir un Copernic, puisqu'ils connaissaient presque toutes les Planètes de notre Systéme solaire. On voit dans le Shastah de Hollwell, que la division de ce Systême en quinze mondes est, dans l'Inde, de l'antiquité la plus reculée. Il est vrai que les mondes du Shastah, ne servent qu'à loger des Anges rébelles, ou des ames qui se purifient; mais ces rêveries avaient pour base une vérité physique, et la théologie des Brames n'avait fait, à cet égard, que copier et défigurer l'astronomie des Newton du Plateau.

L'Athénes Tartare comptait sans doute parmi ces quinze mondes, les Satellites de Jupiter et de *Saturne*; mais ce sont des planètes subalternes, qu'à la simple vue, il est impossible de distinguer. Serait-ce donc que les Hommes Primitifs, plus favorisés de la nature, et ayant des organes plus subtils, vissent dans le Ciel des objets qui nous échappent? Serait ce que le téles cope, en usage parmi leurs astronomes, leurs rapprochât ces mondes auxquels leur vue ne pouvait atteindre, et créât pour eux, comme pour notre Cassini, un nouveau Firmament?

Si le télescope ne fut pas connu des

Astronomes antiques de la Tartarie, qui, probablement pouvaient se passer de ce sixième sens, il me semble du moins qu'on ne peut en refuser la découverte à quelques-unes de leurs Colonies dégénérées. Il est impossible sans cela, d'expliquer comment les Hiperboréens de Diodore, peuple éclairé, qui faisait usage du Cycle astronomique de Meton, voyaient dans la Lune, des montagnes.

Et pourquoi notre orgueilleuse ignorance s'obstinerait-elle toujours à nous donner un droit exclusif, soit aux découvertes du hasard, soit à celles du génie? Que signifie ces longs tubes qui servaient à Hipparque dans son observatoire? Comment interpréter le fameux texte du troisième livre de Strabon, que *les vapeurs de l'Atmosphère font le même effet que les tubes, et quelles augmentent les apparences des objets*, si on n'accorde pas à la moyenne antiquité l'usage du télescope?

Avec des idées justes sur la position du Soleil et sur le mouvement des Planettes dans son Systême, il était impossible que la Colonie Primitive du Plateau, n'eût rencontré des Périodes exactes pour calculer les tems. La politique chez tous les peuples doit tenir le calendrier des mains des Astronomes.

Les faits viennent ici à l'appui de nos conjectures. L'Inde, instruite par les Athéniens de la Tartarie, a connu, de tout tems ; la Période Lunaire de dix-neuf ans, qu'on appelle le Cycle de Meton, et l'année solaire de 365 jours et un quart, qui ne diffère que de quelques minutes, de celle qui sert de base aux calculs de nos Académies.

Les Chinois et les Arabes empruntèrent probablement du Plateau leur Cycle de deux mois Lunaires, ou de soxante jours. Notre Europe a trouvé cette division étrange, ou ce qu'elle conduit à partager l'année en six saisons, et l'Europe a tort; comme dans les beaux climats de l'Asie, il n'y a gueres qu'un printems, ses habitans n'avaient pas plus de raison pour faire des Cycles de quatre mois, que des Cycles de soixante jours.

Les Chaldéens tiennent de ce peuple instituteur, leur fameuse Période Lunisolaire de six cens ans, qui suppose une théorie profonde des mouvemens combinés de la Lune et de notre Globe autour du Soleil, et qui exige des observations de cinquante siécles, pour pouvoir servir de loi aux Astronomes.

Un écrivain qui met beaucoup d'esprit dans ses recherches, a voulu aussi faire honneur à nos Tartares Primitifs de la Période de 25920 ans, qui détermine la révolution des Fixes; mais l'esprit n'est point pour moi le type de la vérité, et il faut, ainsi que je l'ai déjà observé, des garand plus surs pour un Historien que pour un Philosophe. Assurément, de ce qu'il existe dans un coin de l'Indostan une Période de 144 ans, et dans un coin du Tibet, une autre de 180, il y a un peu de hardiesse à conclure, que ces deux Périodes ont été réunies par les Athéniens Tartares, pour en former la fameuse Précession des Équinoxes.

Il est un peu plus démontré, que c'est dans les monumens de ce peuple instituteur, que les disciples d'Atlas apprirent à découvrir, par les phases de la Lune le principe de la lumière.

On ne sauroit nier encore, que les Brames de l'Inde, tiennent de lui leurs antiques formules, pour calculer les éclipses.

Le fait le plus extraordinaire sur le progrès des connaissances astronomiques, dans l'Athènes des Tartares, c'est que Babylone puisa, dans sa tradition son opinion sur le retour périodique des comètes. On sait que notre grand Cassini, prenait ces astres assujettis à des mouvemens réguliers, pour des météores; quand aux siècles de Périclès et d'Auguste, ils crurent qu'ils n'avaient été semés dans l'espace, que pour servir de base à l'art frivole des horoscopes.

Je parle toujours des connaissances astronomiques des Orientaux, comme s'ils n'en étaient que les dépositaires; mais ce fait est démontré, si quelque chose peut l'être dans la haute antiquité.

On a trouvé des traces du vrai Systême Planétaire chez les Chinois; mais les Lettrés n'ont point fondé sur lui leur calendrier. Ils parlent d'une tradition sur la mesure de la terre, et ils n'ont aucune notion de la mesure même; ils calculent de tems immémorial les Eclipses, et ils sont persuadés qu'il ne peut y avoir d'Eclipses totales du Soleil; ce n'est point là la marche naturelle de l'esprit humain. Rien n'arrête, dans la carrière Philosophique, l'homme de génie qui entrevoit la vérité; ce sont les chevaux du Jupiter d'Homère qui font trois pas, et qui, au quatrième, atteignent les limites de l'univers.

Comment les Brames de Benarès, auraient-ils inventé leurs formules pour le calcul des Eclipses, puisqu'ils n'en faisaient point d'usage, puisqu'il est prouvé que le vrai Système Planétaire leur était inconnu? Un Peuple qui n'arrangerait de petites glaces en compartimens que pour le vain plaisir des yeux, serait-il censé avoir créé le Miroir d'Archimède?

Et ces Chaldéens, qui admettaient une Période Luni-solaire de six cens ans et une marche régulière dans les Comètes; si ces grands principes étaient dus au génie de leurs Mages, pourquoi l'astronomie est-elle restée chez eux au berceau? Pourquoi Hipparque a-t-il jugé leurs observations vagues? Pourquoi les a-t-il méprisées et refaites?

Au reste, il existe d'autres preuves, qui, toutes indirectes qu'elles sont, ne sont pas sans force, pour nous confirmer dans l'opinion, que toutes les lumières de l'Asie, et par contre-coup de l'Europe, viennent du Plateau de la Tartarie.

Nous savons par Hyde, qui a commenté les *Tables Astronomiques* d'Ulug-Beg, que dans aucune langue du Globe les noms des Fixes ne sont aussi nombreux que dans celle des Tartares du Plateau. Assurément, cette patience à calculer les plus petites positions dans la Carte du Firmament, annonce que ceux qui l'ont projetée en connaissaient l'ensemble et les résultats; leur soin de désigner dans le Ciel les pierres numéraires les moins apparentes, attestaient que leur génie astronomique en avait plus d'une fois franchi l'intervalle.

Voici un fait encore plus décisif, que je trouve dans *l'Histoire de l'Astronomie moderne*, imprimée il y a dix ans, ouvrage qui valut alors à son auteur, une grande gloire, à laquelle il a peu survécu.

» Des étrangers venus du pays de » Kantgu, habité aujourd'hui par les » Tartares Usbecks, contrée plus Sep- » tentrionale que Samarcande, de trois » ou quatre degrés, apportèrent autre- » fois à la Chine, une astronomie nommée » *Kieoutèke*, qui avait aussi été adoptée » par les Brames. »

Il est donc bien démontré, que si l'on trouve des étincelles de lumières, éparses dans toute la partie Orientale de notre continent, le vrai foyer n'est que dans l'Athènes des Tartares.

Cette Athènes n'existe plus aujourd'hui, même par ses ruines. Un Peuple dégénéré établit ses cabanes mobiles sur ce sol, qui fut originairement couvert de monumens du génie; il contemple avec une vanité barbare les déserts qu'ont faits ses ancêtres, et nous, dans un coin de l'Europe, nous tâchons de dérober à l'oubli quelques momies de cette Athènes Tartare, que la philosophie a pris soin de conserver; heureux si cette découverte nous conduit à dissiper tout à fait la nuit du Monde Primitif, si elle nous indique la marche graduée de l'esprit humain, à une époque de l'Histoire du Globe, inaccessible à la chronologie, et sur-tout s'il résulte de nos recherches une haine réfléchie et profonde, contre cette fureur des conquêtes, à qui on doit l'anéantissement de la Nation la plus digne d'occuper la mémoire des hommes.

Fin du septième et dernier volume.

TABLE DES CHAPITRES DU TOME VII.

Fin de la Table des Chapitres.

Eclaircissemens et Notes des Tomes VI et VII.

ECLAIRCISSEMENTS ET NOTES.

Page 1.

(Du système qui place en Tartarie les hommes primitifs.)

Sur le Nitre de la Tartarie. — Le Jésuite Verbiest, qui était à la fois mathématicien et homme de lettres, était persuadé que la quantité de nitre, qui recouvre le sol du Plateau de la Tartarie, suffisait pour expliquer le froid qu'on éprouve dans ces climats. Voyés *histoire des voyages*, édition in 12. tome 25 page 40, et tome 27, page 593.

De la grande population du Nord. — On sçait que Jornandez, dans son histoire des Goths, appelle le Nord *Officina generis humani.*

Citation de Zoroastre. — Voyés la compilation Française du *Zenda-vesta*, tome 2, page 400.

D'une période astronomique des Indiens. — Mon

respect scrupuleux pour la vérité m'oblige à observer, qu'au lieu de 144 périodes d'années, la tradition Indienne porte seulement 144 ans: mais pour peu qu'on soit versé dans l'histoire, on sçait que le mot d'années, chez tous les peuples qui ont eu une astronomie, a été un mot générique qui a désigné une *période* quelconque, une *révolution*; voyés le *Chanaan* de Bochart, le *de religione veterum Persarum* du docteur Hyde, le *Panthéon Egyptiacum* de Jablonski, et les ouvrages également sçavants et ingénieux des Freret, des Paw, et des Gebelin.

Du phenix de l'Égypte et de celui du Nord. — Voyés Hérodote in *Euterpe* et Olaüs Rudbeck *de Atlantica*, tome 2, page 245.

Sur les pyramides des déserts qui bordent la Sibérie. — *Description de l'empire Russien*, par Sthralemberg, tome 2, page 203, et *géographie* de Busching, tome 2, page 347.

Des ruines d'une ville dans un désert des Kalmouckes. — Cette ville avait des temples et des remparts, et ses batiments ne portaient aucune marque d'une destruction violente. Voyés *notes de l'histoire des Tartares*, huitième partie, page 508. Cette découverte est de 1714. Sept ans après, on trouva d'autres ruines d'une grande magnificence dans un désert, le long de la mer Caspienne. *Mémoires de l'académie impériale de Pétersbourg*, tome X, page 424.

Du suffrage du célèbre Paw, sur l'antiquité des Tartares du Tibet. — Je vais transcrire, pour le prouver, quelque textes de cet ouvrage, qui prête tant, soit à l'admiration, soit à la critique.

» On peut juger de l'antiquité des Tartares par » celle de leur grand Pontificat. Des monumens » authentiques, recueillis au Tibet, prouvent que » 1340 ans avant notre ère vulgaire, il régnait déjà » dans cette contrée un grand Lama, nommé Fras- » rinmo. La succession de ces Pontifes, non in- » terrompue pendant plus de trois mille ans, a duré » jusqu'à nos jours, et durera probablement encore » longtemps. *Recherches philosophiques sur les Américains*, tome II. page 295.

» Les Getes, suivant Strabon, avaient un grand » Pontife, dont il rapporte l'institution à Xamolxis, » qu'il fait contemporain de Pythagore, mais qui » était bien antérieur à ce philosophe.... Les Getes » avaient sans doute puisé dans la Tartarie, d'où » ils étaient originaires, le culte du Dieu La, et

« leur Pontife devait ainsi n'être qu'un Vicaire du » grand Lama, *ibid.* page 296.

» L'Alphabet du Tibet ne comprend qu'un petit » nombre de signes mobiles, dont la combinaison, » exprime tous les sons et toutes les articulations » comme nos lettres : ces caractères sont peut-être » le prototype de tous les alphabets connus. On a « remarqué qu'il était composé des mêmes élémens » que le fameux caractère des Brames, employé » par les Indiens, dans un temps où l'Italie et la » Grèce ressemblaient encore au Canada, *ibid.* page 303.

» L'Allemand ressemble extrêmement au Persan » moderne, qui est une dialecte du Tartare. Les » conquêtes des Scythes Asiatiques en Europe, » expliquent ces phénomènes, *ibid.* page 304.

» La religion Lamique a envahi la plus grande » partie du Globe ; on la professe aux Indes, et » depuis la Chine jusqu'en Sibérie, *ibid.* page 319.

» Comme c'est sur les plus grandes élévations » convexes de notre Continent qu'on doit cher- » cher les plus anciens peuples, il n'y a aucun « doute que les Tartares ne l'emportent, à cet » égard, sur toutes les autres ; aussi les historiens » de la Grèce et de Rome ont-ils reconnu que les

» Scythes étaient les aînés de tous les hommes, *ibid.* page 346.

» Les Chinois conviennent qu'ils descendent des » Tartares, qui ne descendent de personne et qui » méritent par conséquent le titre d'Aborigenes; *ibid.* page 347.

» Les montagnes, quelque hautes qu'elles soient » n'ont pu, pendant les grandes inondations, ser» vir de retraite aux hommes échappés au nau» frage de leur patrie, parce que leurs sommets » sont d'autant plus stériles, qu'ils sont plus élé» vés. Dix personnes ne vivraient pas dix jours sur » la pointe du mont-Jura, où le froid et la faim » les assailliraient tour-à-tour. C'est sur des convexi» tés pareilles à celles de la Tartarie, que les dé» bris de l'espèce humaine ont dû trouver un azile » contre la crise des élémens, *ibid.* page 347.

» Si les Tartares n'avaient pas tant de fois dé» truit, pendant leurs guerres, les bibliotheques » formées par les sçavants du Tibet, on aurait pu » recueillir, dans la Haute Asie, beaucoup de faits » très-propres à éclaircir l'histoire de notre Globe, » qui nous paraît si moderne, quand on consulte « les monumens des hommes, et qui est si ancien, » quand on consulte la nature. *ibid.* page 347.

Je ne serais point étonné que ce peu de textes épars, germant dans la tête pensante d'un bon observateur, eussent produit le système moderne sur le peuple primitif; il n'a fallu que deux pages de Buffon, sur l'état d'adolescence où est la nature dans le Nouveau Monde, pour faire naitre l'ingénieux paradoxe développé dans le livre même des *Recherches sur les Américains*.

Des Annales Tibétanes. — Voyés le *Canon des Rois du Tibet*, du Moine Georgi, qui a servi de base à presque toutes les histoires des Tartares.

Sur la difformité des Tartares. — L'auteur de l'*histoire de l'astronomie*, qui doit tant à Buffon, n'éludera pas sans doute son autorité: or voici comment ce physicien célèbre s'exprime dans son Histoire Naturelle: » Tous les peuples de la » Tartarie ont le haut du visage fort large et ridé, » même dans la jeunesse: le nez gros et court, » les yeux petits et enfoncés, les paupières épaisses, » la face plate, le teint bazané et olivâtre: outre » cela ils sont d'une stature médiocre. Les plus » laids de tous sont les Calmouques, dont l'aspect » a quelque chose d'effroyable: ils sont tous errans, habitans sous des tentes de toiles, et man- » geant de la chair de cheval crue ou mortifiée

» sous la selle de leurs chevaux. . . . . Les femmes » sont aussi laides que les hommes. . . . La plupart » de ces peuples n'ont aucune religion, aucune » retenue dans leurs mœurs, aucune décence : ils » sont tous voleurs . . . . A mesure qu'on avance vers » l'Orient dans la Tartarie Indépendante, ces » traits se radoucissent un peu ; mais les caractères » essentiels à la race restent toujours : le sang Tar- » tare a eu beau se mêler, d'un côté avec les Chi- » nois, et de l'autre avec les Russes Orientaux, » ce mélange n'a pu faire disparaître sa difformité » originelle ». *Histoire Naturelle*, petite édition complette, *tome* VI, page 111, etc.

Sur le bled Indigène. — Toute l'antiquité a cru avec Diodore, *Biblioth. histor.* lib. 5. parag. 2 que le bled croissait sans culture en Sicile, dans ces prairies fortunées d'Enna, où régna Cérès, la déesse de l'agriculture ; l'historien va plus loin et il ajoute que la Sicile est le premier endroit de la terre où le bled ait pris naissance. Notre philosophe qui a tant cité Diodore, ici lui fait garder le silence.

Quand au bled qu'on dit croître de lui-même dans la Sibérie, on ne trouve de vestiges de ce fait important, ni dans la *Description de l'Empire*

Russien, par le baron de Sthralemberg, ni dans les sçavants voyages de Gmelin, ni même dans l'*Atlantica* de Rudbeck. Je l'ai cherché vainement dans les Botanistes célèbres, tels que Tournefort Jussieu, la Marck et Adanson, ainsi que dans les ouvrages particuliers sur la Sibérie, tels que les voyages de l'abbé Chappe, et l'histoire Russe de Krakenninikow, dont cet astronome nous a donné la traduction. Au reste, je n'ose prononcer entre l'affirmation de Von-Linné, et le silence de toute la terre.

Priorité de mes découvertes, sur le peuple primitif de Selinginskoi. — Le passage cité dans le texte, est tiré d'une dissertation que je fis imprimer, à la prière d'un de mes amis, à la tête d'un dictionnaire qu'il avait composé sur la chasse et sur la pêche. Ce dictionnaire fut publié à Paris par Musier, dans les premiers mois de 1769, et on lit le passage dont je parle à la page XXVII, du tome I de cet ouvrage.

De l'extension successive du système des apôtres du Nord. — Il n'est point indifférent d'observer ici que l'historien de l'astronomie, qui a occupé pendant quelques années l'Europe, de son peuple primitif perdu et retrouvé, n'est pas parvenu tout d'un coup à ses derniers résultats; ses *Lettres sur l'origine des sciences*, ne parlaient que d'une race d'Atlantes, et les plaçaient vers le 49e. dégré de Latitude. Dans la suite, le système du réfroidissement du Globe, a fermenté dans son imagination. Il a lu Platon, Diodore et Plutarque, dans le dessein d'y trouver Buffon, et en effet, il l'y a trouvé : alors les branches de son système ont jetté de nouveaux rameaux : les *Lettres sur l'Atlantide* ont paru ; on y a vu cinq peuples antérieurs, annoncés au lieu d'un seul, et les Atlantes de Selinginskoi n'ont plus été qu'une peuplade des Atlantes primitifs qui habitaient le paradis terrestre du Groënland, de la nouvelle Zemble et du Spirtzberg.

Sur l'Isle d'Ogygie. — Voyés *geographie ancienne* de Danville, édition in-12, tome I, pag 212.

De l'Ogygie devenue l'Atlantide. — J'ai peur qu'on n'ajoute pas foy à mon analyse du système de l'apôtre du Nord, et je renvoye aux *Lettres sur l'Atlantide*, page 399.

Du traité de Plutarque, sur l'Orbe de la Lune. — Amyot, avec sa naïveté non Française, traduit le texte de cet ouvrage : *de la face qui apparait dans le rond de la Lune.* On peut voir ce traité singulier dans les *œuvres morales* du philosophe de Chéronée, édition de 1582, tome 2, page 620.

Texte de Plutarque, sur la fable d'Ogygie. — Je dis la *fable*, parce que c'est l'expression dont se sert Amyot lui-même, dans le sommaire qu'il a ajouté à ce chapitre, voyés *œuvres morales*, tome 2, page 631.

Au reste, la traduction de ce passage important n'est point exacte dans l'historien de l'astronomie, qui a cru trouver l'Atlantide dans l'Isle de Plutarque : » L'Isle d'Ogygie, dit-il, est éloignée de » l'Angleterre, vers le couchant d'été, à la distance de cinq journées de navigation ; près de » cette Isle, on en trouve trois autres dans l'une » desquelles les habitans du pays disent que Saturne est retenu prisonnier par Jupiter. *Lettres sur l'Atlantide*, page 413.

Si on compare cette version à celle du texte de notre ouvrage, on verra que l'apôtre du Nord a transporté les mots *vers le couchant d'été*, et que cette transposition lui est très-utile pour l'arrangement de son système.

On peut observer aussi qu'il a passé non sans motifs, la phrase *à y aller avec des vaisseaux à rames*, si essentiels pour calculer le trajet, et cette autre infiniment plus importante encore, *on prétend qu'autrefois cette mer était glacée* : il est vrai que ces deux lignes de Plutarque, anéantissaient tout son système.

Des Isles Polaires, inconnues aux anciens. — Voyés sur l'Islande, *géographie ancienne*, tome I, page 116. Peu content de mes recherches particulières, j'ai consulté le célèbre Danville, un des premiers géographes de l'Europe : et il m'a assuré qu'il n'y avait chez les anciens, aucune trace de la plus légère notion sur le Groënland, sur le Spitzberg et sur la Nouvelle Zemble.

Ajoutons, par rapport à ces Isles Polaires que les calculs du bon Plutarque, ne sont en aucune manière d'accord avec la géographie. Par exemple, il n'y a guères que 130 lieues, de l'extrémité Septentrionale de l'Écosse, à l'extrémité Méridionale de l'Islande : tandis qu'on en compte 500 de l'Angleterre au Groënland ou au Spitzberg, et plus de 800 jusqu'à la Nouvelle Zemble. Voyés la Carte de l'Hémisphère Occidental, publiée en 1761, par Danville.

Enfin, il n'est pas même prouvé que le Groënland soit une Isle. Un sçavant a écrit qu'il faisait partie du Continent de l'Amérique, et personne ne l'a refuté : voyés *Recherches philosophiques sur les Américains*, tome I, page 257. Il ne semble pas probable en effet, qu'il y ait un détroit au fond de la Baye de Baffins ; et supposé qu'il existe, il est comblé par les glaces, comme celui de Forbisher.

Page 54.

(Du peuple primitif du Caucase.)

De l'autorité de la Cosmogonie de Moyse. — Dans ces temps d'anarchie politique, où on met le civisme à renverser tous les autels, il est dans mes principes de ne contrister aucune ame douce et honnête, dont le bonheur repose sur un culte, dont il a sucé le lait dès l'enfance. Je dirai donc aux partisans de Moyse, que je n'attaque dans sa Cosmogonie, que ce qui est évidemment contraire aux loix éternelles de la physique, et que je n'empêche pas que, par rapport aux dogmes religieux, et à la morale, un ami de Fénélon, ne regarde les livres Hébreux, comme la source la plus pure de sa croyance. J'ajouterai que j'ai bien été obligé de ne consulter que les écrivains profanes, pour jetter quelque foible lumière dans le cahos des annales antédiluviennes; car Moyse même a gardé sur ce sujet le silence le plus absolu. Occupé de la postérité en ligne directe, de ce qu'il appelle le premier homme, il a abandonné à nos recherches toutes les branches collatérales.

Enfin, supposé qu'à force de marcher seul dans les landes de l'antiquité, je parvinsse à m'y égarer, mes erreurs n'auraient encore aucune suite funeste, je ne présente la plupart de mes idées en ce genre, que comme des hypothèses. Je suis aussi réservé que Descartes, lorsqu'il expose le débrouillement physique du cahos, et infiniment plus que Buffon, lorsqu'il tente de deviner l'âge des planètes.

Sur la hauteur du Caucase. — Voyés Eschyl. Traged. *in Prometh.* act. IV. sc. I. Agathémer, *compend. geograph.* lib. 2, cap. 9, dans le second tome des petits géographes, et Philostr. *Vit. Apollon.* lib. 2 cap. 2.

D'un peuple antérieur, relégué au Caucase. — Voyés d'Herbelot cité, embelli et par conséquent défiguré dans les *Lettres sur l'Atlantide*, page 177.

Du peuple antérieur d'Acmon. — *Mythologie expliquée* de l'abbé Banier. tome 2, page 21.

De l'influence du Caucase sur le Globe. — *Bibliothèque Orientale* de d'Herbelot au mot *Caf.*

De l'absence des coquillages sur les hautes montagnes. — Seba décide affirmativement qu'on n'y en a jamais vû. *Quod observationibus constat, in apicius altissimorum montium, nunquam reperiri petrificata et vel rarissimé in vestigiis minùs altorum.* Voyés *Thesaur. rer. natural.* tome IV. page 125.

Des portes du Caucase. — Les Romains les appellaient dans leur langue *Pylæ Caucasiæ*; la principale de ses portes se trouvait dans un défilé où la rivière de Terki prend naissance : on l'appelle aujourd'hui dans la langue du pays, *Tartar-Topa*, Voyés *géographie ancienne* de Danville, tome 2, page 120.

Emigration des Scythes, des Getes, etc. du sein du Caucase. — Voyés histoire générale des Huns, par l'érudit de Guignes, livre 5, page 216, les *mémoires de l'académie des inscriptions*, édition in-4°. tome 25, page 43, et les *Lettres sur l'Atlantide*, page 194, 222, etc.

Fables anciennes, sur la population du Caucase. — Voyés *Bibliothèque Orientale*, de d'Herbelot page 231.

Page 91

(De la supériorité du peuple primitif.)

Des Géants. — Voyés sur ceux de la Scythie, l'*histoire des Celtes*, tome I. *passim.* sur ceux de l'Inde, les *lettres édifiantes*, tome XXIV, page 25, et sur ceux de Siam, l'*histoire des voyages*, de l'abbé Prévost, édition in-12, tome XXXIV, page 379.

Des Dives de la Perse. — *Bibliothèque Orientale* de d'Herbelot, pages 387 et 464. Ces Dives sont les Ginn des Arabes, suivant Abulghazi et Abulfarage; les montagnes de Damavend, dont il est parlé dans la suite du texte, sont la branche du Caucase, qui avoisine la mer Caspienne.

On voit, dans le même passage, que le mot *Dive* signifie également *Géant* et *Isle*. Les Arabes cependant prononçaient *Dib*, au lieu de *Dive*, comme on le voit par le nom de *Serendib*, qu'ils donnaient à l'Isle de Ceylan : mais la raison en est qu'ils étaient forcés de substituer le *b* à l'*v*, parce qu'ils n'avaient point cette dernière lettre dans leur langue, *voyages des anciens Arabes*, publiés par l'abbé Renaudot, page 126 et 153.

De la dégénération de la raison chez les Nains. — L'homme moral, chés tous les peuples Pygmées;

semble aussi dégénéré que l'homme physique ; superstitieux comme des Égyptiens, stupide comme des nègres-blancs, offrant leurs femmes difformes aux étrangers qui les dédaignent : le physicien est tenté de les prendre pour la race intermédiaire, qui sépare l'homme de l'Orang outang.

Il n'y a, à cet égard, de distinction à faire, ainsi que je l'ai insinué dans un autre ouvrage, que par rapport aux peuplades d'hommes-nains qui se rencontrent sur les côtes de l'Océan ; il est certain que le voisinage de la mer les rend un peu plus industrieux. Ceux-là sçavent se construire des canots légers, qui se ferment hermétiquement, que les vagues renversent, mais ne peuvent engloutir, et à l'aide desquels ils entreprennent, sans boussole, des voyages de long cours ; il faut ajouter à ces singularités, qu'ils aiment leur patrie, comme Caton aimait Rome, et Algernon Sidney la Grande-Bretagne ; cependant cette patrie ingrate, ne fournit pas même à leurs besoins, et c'est par nécessité qu'ils sont Ichtyophages.

Culte des des deux premiers élémens autour du Caucase. — Les Scythes adoraient le feu sous le nom de *Tabiti*, et l'eau sous celui de *Thamimasades*, Hérod. lib. IV. Les Turcs qui habitaient

les

les environs du Caucase, avant la conquête de Constantinople, par le second Mahomet, avaient le même culte, s'il en faut croire Théophylacte, lib. 7. cap. 3.

Quant aux Perses, on sçait par Strabon que de toute antiquité, c'était au Soleil et à l'Océan qu'il offraient le plus de sacrifices. Voyés *Géograph.* lib. XV.

Voyés sur les Pyrées de l'Adherbigean, d'Herbelot, *Biblioth. Orient.* page 105 et 528.

Citation du philosophe Menippe — Voyé Athénée Deipnosoph. lib. XIV. cap. 7.

Sur Prométhée — Je me sers, dans le texte de l'estimable traduction de l'auteur de Dion La scène dont il s'agit, est la première du troisième acte de *Prométhée enchaîné au Caucase*.

Page 114

(De la Colonie des Atlantes établie en Afrique.)

Hauteur du Liban. — *Voyages de Syrie*, par la Roque, tome I. page 92. Le nom du Liban lui vient de l'éclat que donnent à son sommet les neiges amoncelées : car *Labanon*, dans les langues Orien ties, signifie *blanc*, et de ce nom est venu le *Libanos* des Grecs. Voyés le sçavant père Pezron, *Dissertation sur les bornes de la terre promise.*

PREMIERE VILLE DU MONDE. — Josephe, *Antiquit. Judaïc.* lib. 1.

CHAMP DE DAMAS. — *Voyages de Syrie*, par la Roque, tome I, note de la page 299.

HAUTEUR DE L'ABYSSINIE. — *Voyages aux sources du Nil*, du chevalier Bruce *passim* et *mélanges* de Surgy, tome X, page 241. Quant aux montagnes de sel fossile de cette contrée Africaine, voyés le dernier ouvrage, page 248.

GÉANTS DE L'ÉTHIOPIE. — Pline l'ancien, *histor. natural.* lib. 2, cap. 78.

DES BERBERS. — *Mélanges de Surgy*, tome VIII, page 9, et tome X, page 74.

Page 125

(DU PEUPLE ANTÉRIEUR QUI A VIVIFIÉ LE PLATEAU DE LA TARTARIE.)

DES COMMENTAIRES D'ABULGHASI. — Il s'agit ici des notes sur l'*histoire généalogique des Tartares*, par le Khan Abulghasi : notes infiniment plus volumineuses que le texte : mais dont l'importance fait pardonner aisément la prolixité.

Des fleuves qui prennent leur source sur le Plateau de la Tartarie. — C'est à tort que l'ingénieux auteur des *lettres sur l'Atlantide*, comprend dans son énumération le Gange et l'Indus : le premier prend sa source dans les montagnes qui bordent le petit Tibet et l'autre au Mont-Immaüs : ainsi ces deux fleuves, si célèbres dans l'Asie, n'attestent que la hauteur du Caucase.

Mesures de la hauteur du Plateau. — *Novi Commentar. Academ. Scient. Petropolit.* tome VI. *ad ann.* 1756 et 1757, et *description de la Chine* du P. du Halde, tome IV, page [illegible] et [illegible].

Texte d'Abulgasi sur Adam. — Voyez *Histoire généalogique des Tartares*, traduite du manuscrit d'Abulghazi, édition de Leyde de 1726, page [illegible].

D'une race d'hommes petite et [illegible], qui habite vers le Jenisei. — On la connaît sous le nom de la *Piestra-horda*, ou de la horde bigarrée. » J'ai vu, dit le baron de Strahlemberg, un de » ces Tartares-pies à Tobolsk, qui [illegible] » fortune, en se montrant dans les [illegible] de » l'Europe. Sa tête était marquée de taches par- » faitement blanches, de la largeur d'une petite

» pièce de monnaie : celles qui étaient répandues » sur le reste de son corps, paraissaient d'un brun » noirâtre, et présentaient moins de régularité.

On connaissait, avant Sthralemberg, la horde bigarrée : car sa demeure est indiquée au de-là de l'Oby, dans l'Atlas de Hondius et de Mercator. Cette race humaine, comme tant d'autres, est aujourd'hui presqu'anéantie.

Du mélange de nos Tartares avec ceux de l'ancienne race. — Le baron de Sthralemberg, qui avait beaucoup étudié les langues de l'Asie, a retrouvé dans le dialecte Kalmouque, l'ancienne langue Mède et Persanne; *description* de l'empire Russien, tome II, page 197.

Du culte Indien porté au Tibet. — Le judicieux Danville, a prouvé que le dieu La et le dieu Brama étaient le même personnage.

Si les Tartares actuels sont Indigènes. — J'ai annoncé la négative dans le texte; et comme dans ces Landes anciennes, je ne marche jamais qu'à l'appui des faits, je citerai ici l'autorité du sçavant commentateur d'Abulghazi. « Plusieurs historiens, » dit-il, tant des siècles passés que de celui-ci, » sont d'avis que la Tartarie a été autrefois ha- » bitée par d'autres peuples plus civilisés. — Nous *de l'hist. généalogiq. des Tartares*, page 241 et 242.

DES SKRELINGRES. — Voyés *Histoire Naturelle du Groënland*, par *Anderson*, page 264. Cet écrivain trouva la plus grande analogie entre les Skrelingres et nos Tartares, pour la taille, les traits, la manière de vivre, et la férocité.

DU DIEU XACA, NÉ D'UNE VIERGE. — Plusieurs sçavants ont remarqué que c'était un usage en Orient de faire naître d'une vierge les dieux, les conquérants et les législateurs ; on y a fait en particulier cet honneur à Gengiskan, à Timurbec et même à Pythagore.

Mahomet qui compila les dogmes de sa religion sur notre évangile et sur ceux de l'Asie, conserva cette antique tradition dans son Coran, mais les fables qu'il y ajoute sont toutes de lui; en voici une dont parle un voyageur célèbre :

» Les Musulmans nient que le Messie ait été » conçu par le Saint-Esprit, parce qu'ils ne croyent » pas au Saint-Esprit : ils font, au lieu de cela, un » conte ridicule : ils disent que la Vierge conçu » de la salive d'Adam : qu'Adam ayant été créé dans » le Paradis, il toussa; que la salive qui sortit alors » de sa bouche, fut par ordre de Dieu, recueillie

» par l'ange Gabriel, qui la versa dans le sein de » Marie, où elle devint la vertu génératrice dont » le Messie fut conçu. — *Voyages* de Chardin édition in-quarto d'Amsterdam, page 269.

Page 159

(DE LA SOLUTION DU PROBLÈME DE L'ATLANTIDE.)

SUR LA RÉDUCTION DE LA CHRONOLOGIE ÉGYPTIENNE. — Voyés Horus. - Apoll. *Hyeroglyph.* 3, et Diod. sicul. *Biblioth.* lib. 1.

DU NOM D'ATLANTIQUE, DONNÉ A UNE FOULE DE MERS. — Strabon appelle ainsi la mer rouge, *geograph.* lib. 16; il en est de même d'Hérodote, lib. 1, page 93. Si cette double autorité ne suffisait pas, j'y joindrais celle de Diodore. Cet historien, en parlant des conquêtes d'Osiris, *biblioth. histor.* lib. 1. parag. 10, parait donner le même nom à la Mer Rouge, et à cette partie de la mer des Indes, qui est au de-là du Détroit de Babelmandel.

Observons, au sujet de Diodore, qu'il renouvelle son opinion, lib. 3, parag. 20 : *nous avons*, dit-il, *parlé suffisamment des nations situées au Midi, le long des Côtes de la Mer Rouge et de la mer Atlantique.* L'abbé Terrasson retranche dans sa traduction ces mots : *et de la mer Atlantique*, comme si c'était une addition faite au texte par quelqu'imposteur. Voilà comment, avec les préjugés de son siècle, on mutile tous les meilleurs écrivains de l'antiquité : il est évident que si l'abbé Terrasson, d'ailleurs écrivain très-estimable, avait été meilleur physicien, il aurait respecté un peu plus Diodore et la vérité.

Du séjour de l'Océan sur une partie de l'Afrique. — Parmi une foule de preuves qui se présentent sous ma plume, je me contente d'indiquer ici celle que présente le texte de Diodore sur l'Hespérie. Cet historien dit que cette contrée formait une Isle située dans le voisinage de l'Ethyopie et au pied du mont Atlas. *Biblioth. histor.* lib. 3. parag. 27. Cette Isle aujourd'hui a disparu avec les eaux qui en fixaient la circonférence.

Des bas-fonds de l'ancienne Mer-Rouge. — Diod. sicul. *Biblioth. histor.* lib. 3.

Des Colonnes d'Hercule. — Les monts Calpé et Abyla. On observe qu'Abyla, même dans les langues de l'Orient signifie Colonne. Voyés Apollonius, cité dans Banier tome VII. page 37.

On a trouvé des Colonnes d'Hercule dans son temple à Tyr. *Herod.* lib. 1.

Observons que quand Diodore dit, *biblioth. histor.* lib. 2. parag. 13 : *Hercule posa en Afrique ses fameuses Colonnes*, il pourrait bien n'avoir pas entendu les *montagnes* du détroit de Gibraltar ; cet historien qui s'exprime toujours avec clarté et avec précision, s'il eut parlé des monts Calpé et Abyla, au lieu de dire qu'il posa ses Colonnes en Afrique, aurait dit qu'il les posa aux limites de l'Afrique et de l'Europe.

Il y avait de ces Colonnes jusques dans l'Océan Germanique. Voyés Tacit. *de moribus Germanor* cap. 34.

Du Soleil personnifié sous le nom d'Hercule. — Vossius a consacré, pour le prouver, un chapitre de son livre plein de recherches sur l'idolatrie Voyés surtout *de origin. et progres. idol.* lib., cap. 15. Cuper, après lui, a étendu cette idée dans sa *Dissertation sur Harpocrate*, et l'apôtre du Mesmérisme, Gébelin qui a adopté de nos jours la même opinion, a étayé, à cet égard, l'érudition du siècle dernier de tout l'esprit du nôtre ; voyés le premier volume de son *Monde Primitif*, confiné depuis sa mort au fond de nos bibliothèques.

DE CE QUE L'ANTIQUITÉ ENTENDAIT SOUS LE NOM D'ASIE ET DE LIBYE. — La plupart des pilotes qui, de nos jours, ont été à la recherche de l'Atlantide, se sont appuyés du texte de Platon, qui donne à cette Isie plus d'étendue qu'à la Libye et à l'Asie réunies, pour en faire un immense continent qui aurait influé sur la structure du Globe.

D'abord l'Asie dans l'acception ordinaire des Grecs et Latins, ne signifiait que la Presqu'île de l'Asie Mineure ; voyez Strab. *geograph.* init. lib. XI et XII. Plin. *histor. natural.* lib. V, cap. 27. Varr. *de Lingua Latina*, lib. IV, cap. 3. Cicer. *orat. pro flacco* Tit. Liv. lib. 38. cap. 39. *Asia vestra*, dit l'orateur Romain, *constat ex Phrygiâ, Misiâ, Cariâ, Lydiâ*, etc. Varron distingue avec précision les deux Asies. *Ut Asia, sic cœlum dicitur modis duobus, Nam et Asia, quæ non Europa in quâ est Syria : et Asia dicitur prioris pars Asiæ, in quâ est Ionia et provincia nostra Cilicia.*

La Libye se confondit rarement avec l'Afrique par les bons géographes. Ptolémée la distingue essentiellement de l'Égypte et de la Marmarique, deux entre [illegible] *Geograph.* lib. IV, cap. [illegible] il la décrit avec exactitude [illegible] et dans les chapitres suivans.

[illegible] de l'Atlantide. — Voici le texte du Critias de Platon, suivant la traduction latine de Marsile Ficin. *[illegible] omnis [illegible] ad medium, juxta mare [illegible]. [illegible] circa urbem campestris omnis [illegible] ambiens quidem urbem, ambita vero [illegible] montibus a mari surgentibus, facilis et [illegible] in altitudinem patens [illegible] : a medio vero [illegible] ad mare, [illegible]* L'édition dont je me sers est celle de Deux-Ponts, en 12 volumes in-8°. Voyez tome X, page 68 et 69.

[illegible] entre l'Amérique et l'Afrique. — Outre celles de [illegible] et de [illegible], citées dans le texte, on trouve encore à ces hauteurs un petit Archipel, composé des îles de Canaria, de [illegible], des deux [illegible], de [illegible], de Linosa et de Lampedouse.

[illegible] de Carthage. — Polybe nous a conservé un traité entre les Suffètes de Carthage et les Rois de Macédoine; on y trouve en propres termes, *ce traité a été conclu en présence du génie des Carthaginois et d'Hercule*; voyés lib. VII, page 502.

DE LA VOIX D'HERCULE. — Voyés Aristote *de Mirabilib. auscultat.*

DE L'HERCULE PHÉNICIEN. — Justin, lib. 44 cap. 5.

DE LA LIBYE. — On sçait que les anciens appellaient désert de Libye notre désert de Barca : il s'étend le long de la mer, et sa pointe la plus avancée, que Ptolémée désigne sous le nom de promontoire Phycus, et nos marins sous celui de Cap Rasat n'étoit pas à cent lieues de l'Empire de Carthage.

SUR LES TYRRHÉNIENS. — Denys d'Halicarnasse franchit le pas et dit que les premiers peuples de la Toscane étoient indigènes. Voyés *Antiquit. Roman*, lib. 2.

DU SATURNE DE DIODORE. — Voyés *Biblioth.* histor. lib. [illegible] cap. 52.

DU NAUFRAGE DE L'ATLANTIDE. — Notre théorie se concilie singulièrement avec celle où nous a conduit l'histoire raisonnée du Volcanisme, voyés cet ouvrage tome 3, depuis la page 245 jusqu'à 288.

Page 19.

(DE QUELQUES ISLES CÉLÈBRES DU MONDE PRIMITIF.)

QUE LA TERRE N'EST QU'UNE ISLE. — Voyés l'aveu

d'Homère dans Strabon qui le commente, *geograph.* lib. 1, édition d'Almeloween, tome 1. page 4. le géographe du siècle d'Auguste autorise cette antique tradition de son suffrage : *ubicumque unquam concessum fuit hominibus ad finem usque terræ progredi, mare invenitur quod oceanum nominamus*, ibid page 10.

Citation de Théopompe. — Voyés ælian. *var histor.* lib. 3, cap. 18. Théopompe écrivit l'histoire de son temps, en commençant où finit Xénophon : le philosophe et l'homme de goût regrettent la perte de cet ouvrage.

Position des Cassitérides. — Voyés Solin, *Polyhist.* cap. 56 Stephan. Byzant. de urbibus, édition de Berkeley, page 458, Strabon *geograph ancienne*, tome 1, page 102 et 103.

Isle de Diodore. — Consultés cet historien, *Biblioth. histor.* lib. V, paragraphe 15.

De l'Hespérie et des Amazones. — La principale histoire qui nous sert de guide, est celle de Diodore de Sicile, *biblioth. historic.* lib 3, parag. 2 et 28. Cet écrivain s'appuyet dans son récit de l'autorité de plusieurs historiens ; il cite en particulier Denys de Mitilène : mais les écrits de ce dernier ne sont point parvenus jusqu'à nous ; ainsi nous pouvons peser son témoignage,

Voyez sur la topographie de l'Hespérie Maxime de Tyr, *in dissertat.* 38, cap. 225.

L'historien de l'astronomie place l'Hespérie près du Groënland, *lettres sur l'Atlantide*, page 316 et 319.

Voici un texte de la Condamine sur les Amazones du Nouveau Monde, tiré de son *voyage à la rivière des Amazones*, page 109.

» Si on alléguait, disait ce philosophe, le défaut » de vraisemblance, l'espèce d'impossibilité morale, » qu'une pareille république de femmes put s'éta- » blir et subsister, je n'insisterais pas sur l'exem- » ple des Amazones Asiatiques, ni des Amazones » modernes de l'Afrique . . . Je me contenterais » de faire observer que si un pareil peuple d'hé- » roïnes a pu exister dans le monde, c'est en Amé- » rique, où la vie errante des femmes, qui suivent » souvent leurs maris à la guerre, et qui n'en sont » pas plus heureuses dans leur domestique, a dû » leur faire naître l'idée de se dérober au joug de » leurs tyrans . . . Une pareille résolution prise » et exécutée, n'aurait rien de plus extraordinaire » que ce qui arrive tous les jours dans toutes les » Colonies Européennes de l'Amérique, où il n'est » que trop ordinaire que des esclaves maltraités

» fuyent par troupes dans les bois, et passent quel-» quefois leur vie entière dans la solitude.

Le texte sur un voyage des Indiens en Europe, est tiré de l'ouv. *Recherches philosophiques sur les Américains*, tome 2, page 115.

Chardin méritait encore d'être l'historien des Amazones; voici avec quelle sagesse il parle dans le tome premier de ses *voyages*, de ces Héroïnes.

» J'eus un entretien assés long avec le fils du » prince de Géorgie sur les Amazones . . . Il me » fit voir un habit de femme, d'une grosse étoffe » de laine, et d'une forme particulière, qu'on » disait avoir servi à une Amazone, qui fut tuée » auprès de Caket, durant la dernière guerre... Je » rapportai alors à ce jeune prince, ce que les His-» toires Grecques et Romaines racontent de ces » femmes guerrières; et après avoir discouru quel-» que temps sur ce sujet, son avis fut, que ce » devait être un peuple de Scythes, errant comme » les Turcomans et les Arabes, qui déféraient la » souveraineté à des femmes, et que ces reines se » faisaient servir par des personnes de leur sexe, » qui les suivaient [illegible] es[illegible]-» ment qu'il fallait qu'[illegible] comme » les hommes, et qu'elles fussent armées; car on

» Orient, toutes les femmes y coupent les cheveux » comme les hommes, et les ornent aussi bien; » les princesses y ont aussi le privilége de porter » toujours un poignard à leur côté. Quand à la » mutilation au sein, et d'autres particularités de » ce genre qu'on rapporte des Amazones, nous les » mettons parmi les contes, dont la menteuse Grèce » a eu l'impudence de remplir ses histoires.

De l'Isle Hyperborée. — voyez Diod. Sicul, *Biblioth. Histor.* lib. 2 cap. 28. Cet historien cité pour garant de son opinion Hécatée; mais en se plaçant dans la Grèce, d'où est censé écrire le garant de Diodore, il est presqu'impossible de fixer la position de cette Hyperborée. L'auteur des Lettres sur l'Atlantide, qui se place toujours où il veut quand il s'agit de rendre vraisemblable son hypothèse sur le Nord, l'indique dans le voisinage du Pôle; mais ce n'est pas là assurément que le Philosophe, qui ne fait point de système ira la chercher.

C'est Phérécyde qui assure que les Titans étaient les pères des Hyperboréens, voy. *Atlantica* de Rudbeck, tom. 2 pag. 19.

La fertilité de l'Hyperborée est attestée par Pline, *Histor. Natural.* lib. 4 cap. 18.

Les connaissances de ces insulaires ont pour garant Platon *in Axiocho*.

De l'isle d'Iambule — je n'ai d'autre garant de cette histoire que Diodore *Biblioth. Histor.* lib. 2 cap 31 et 32.

L'Académien Le Gentil croit que cete isle est notre Sumatra. *Voyages* tom. 2 pag 5102.

De l'Archipel Panchéen — comme il est très important de citer ses autorités dans les faits extraordinaires, qu'expose le texte de cet ouvrage, je déclare que tout ce qui regarde cet Archipel de la mer d'Arabie, est tiré de Diodore *Biblioth Histor.* lib. 5 et d'un fragment du livre 6 qu'Eusèbe nous a conservé. *Prépar. Evangel.* lib. 2 les faits sont rapportés dans ce texte, sans la moindre altération; il n'y a de moi que le style, les réflexions et les fautes.

Notre jonc marin n'est point l'analogue de celui de l'Isle Sacrée dans l'Archipel Panchéen, ou bien il a prodigieusement dégénéré: car il ne sert que d'engrais pour les terres et d'aliment pour les jeunes Chevaux.

Le nom de Triphylien fut donné au Jupiter de l'Archipel a cause des trois peuples qui habitaient

...enses d'Isis, et qui étaient également ses adorateurs.

Diodore place le temple de ce dieu, dans une plaine; il suivait alors une tradition Grecque; mais dans le fragment qu'Eusèbe nous a conservé, il transcrit Evhémère, qui avait été sur les lieux et qui met l'édifice sacré sur la montagne, ce qui est beaucoup plus conforme à notre Histoire du Monde Primitif.

De l'Isle de Sind. — voyez Pompon Mela *de Situ orbis*. lib. 3. Danville a déterminé la position de cette Isle vers le Golphe de Bengale : *Géographie ancienne*. tom. 2 pag. 379.

Voyez sur l'Isle de Setsu, qui a tant de rapport avec celle de Sind, le Sçavant de Guignes. *Hist. des Huns.* tom. 1, pag. 39. Ce sont ces insulaires de Setsu, qui, vers l'an 405 de notre ère, envoyerent à un Empereur de la Chine, une Statue de Foë enrichie de diamants. La Statue fut remise en mains propres par les Magistrats : alors le regne des intelligences était passé.

page 269.

DES NAVIGATIONS MÉMORABLES EXÉCUTÉES DANS LE MONDE PRIMITIF.

TEXTE DE STRABON SUR LES NATIONS DE L'ANTIquité. — Voici la traduction Latine, telle que je la trouve dans la belle édition d'Almélowein.

Nihil vereor dicere, antiquos longiora, terrâ marique, confecisse itinera, quam posteros, si quidem historiis fides adhibenda est; perhibentur enim Bachus, Hercules, et ipse Jason: tum ab Homero commemorati Ulysses et Menelaüs, Theseum quoque et Pirithoüm probabile est, propterea quod longinquas fecerint expeditiones, hanc de se opinionem in animis hominum reliquisse, quod ad inferos descenderint; eadem quo de causâ Castores maris esse procuratores dictos, ac navigantium servatores; vulgatum est etiam sermonibus Minois, in mare imperium et Phœnicum navigatio' qui etiam extra Columnas Herculis progressi sunt ibique, et in mediâ Africæ orâ martimâ urbes condiderunt, paulo post Trojani belli excidium. voyez *Geograph.* lib. 1 tom. 1 pag. 83.

Voyez aussi Gessner, *Prælection. De Phœnicum, extra Columnas Herculis Navigationibus*, à la fin de son édition d'*Orphici.*

Sur des Indiens qui font naufrage sur les côtes

d'Allemagne. — Plin. *Histor. Natur.* lib. 2. cap. 67 et Pompon. Mel. *de situ orbis* lib. 3 cap. 5.

page [illegible].

DES PERIPLES DE L'ANTIQUITÉ.

PERIPLES D'AGATHARCHIDE. — voy. *Géograph. veteris Script. Græci minor.* tom. 1 *Peripl maris Erythr.* et troisième dissertat. de Dodwell.

PERIPLE D'ARRIEN. — voyez celui du Pont-Euxin, à la page 113 et celui de la mer Erythrée à la page 147 de la belle édition des opuscules d'Arrien, donnée par Jansson à Amsterdam, en 1683.

La mesure de vingt-trois mille stades, donnée par Eratosthène, au Pont-Euxin, est calculée en naviguant, sans suivre les contours des Promontoires. Plin. *Histor. Natural.* lib. 4 paragr. 24; et la tradition sur les Palus Méotides se trouve dans Hérodote. lib. 4 cap. 85.

On connait d'autres Périples du Pont-Euxin, que celui d'Arrien. Par exemple le recueil de *Petits Géographes* en a tiré un de l'oubli, qui ne parait que la copie défigurée de celui de l'historien d'Alexandre; l'anonyme vivait, suivant le sçavant Dodwell, après Constantin, et l'ouvrage ne vaut pas la peine qu'on discute ce point de chronologie.

Salluste, un des modèles dans l'art d'écrire l'histoire, avait fait aussi un Périple de l'Euxin ; mais le tems qui nous a conservé l'informe monument de l'abréviateur d'Arrien, nous a ravi un des chefs d'œuvres du siècle d'Auguste ; il nous en reste à peine quelques fragments mutilés et épars que le Président de Brosses a pris la peine de rassembler, et de réunir à ses propres conjectures, pour en faire un corps d'ouvrage. quelques phrases de Salluste, ont servi à l'académicien, à composer un Périple qui aurait la grosseur d'un volume. Voyez les tomes LIX et LXIII de la petite édition des *Mémoires de l'Académie des Belles Lettres.*

PÉRIPLE DE DIOTIME. — Voici le texte de Strabon, qui nous sert de Garant : *item (Eratosthenes) Diotimum, Strombichi filium, ducem legationis Atheniensium, à Cilicia, adverso flumine Cydni, in Choaspem fluvium navigasse, qui Susa alluit ; ac XL dierum spatio, Susa pervenisse, id quod ipsum sibi narrasse Diotimum;*

deinde mirari se aït, si Cydnus Euphratem ac Tigrin potuit subterlabi, et in Choaspim exire. Voy. Strab. *Geograph.* édit. d'Almeloween, lib. 1 tom. 1 pag. 81.

La note de Casaubon, où ce sçavant, toujours très dur quand il ignore, affirme que Diotime *ment avec impudence*, est la sixième de la même page.

PERIPLE D'EUDOXE. — Voyez Plin. *Histor. Natur.* lib. 2 cap. 67. Pompon. Mela, *de situ orbis*. lib. 3 cap. 9, Et sur-tout le beau Strabon d'Alméloween, tom. 1 pag. 156 et 157, dont notre texte ne présente ordinairement que l'analyse.

PERIPLE DU HANNON PRIMITIF. — Ce Périple se trouve en entier *Geograph. veteris scriptor. Græc. minor*, tom. 1.

L'idée de Fabricius, sur l'époque de cette expédition se lit *Biblioth. Græc.* tom. 1 pag. 39 : et celles de Vossius et de Bochart. *Præfat*, *ad Scylacem*; *var. observat*, cap. 2 et *Chanaan* lib. cap 37.

Dodwell, *dissertat in Perip. Hannon.* Locciis a prouvé que l'ouvrage que nous avons, n'est qu'un abrégé du Périple original.

3

Pline parle du Périple du Hannon primitif. *Histor. Natur.* lib. 2 cap. 67 et lib V. cap. 1.

Solin appelle Hannon, *Roi de Carthage-Polyhist.* cap 56.

Voyez sur le Hannon primitif, qui aprivoise les Lions, Plutarch. *In pro: cept Politic.* Plin. *Histor Natur.* lib. VIII cap. 16 et Ælian *Histor. animal.* lib. V cap. 39.

Le Paradoxe de Gebelin, sur l'expédition de Hannon et des Phéniciens, au Nouveau Monde, se trouve dans un des volumes in-4°. de son *Monde Primitif*, qui a pour titre : *disssertations mélées.* tom. 1 pag. 57 et 561.

Periple de Marcien d'Heraclée. — *Géograph. veter. scriptor. Græc. Minor.* tom. 1. Cet ouvrage s'y trouve tout entier avec la dissertation de Dodwell, qui lui sert de prolégomènes.

Periple de Menelas. — Voyez Homer, *Odyss.* lib. 4 et Strab. *Géograph.* lib. 1 cap. 2.

Il y a dans le texte de Strabon, que suivant quelques historiens, Ménélas put sur monter l'Isthme de Suez, par le moyen d'un des Canaux exécutés par les Pharaons; et cette opinion ne contrarie point notre théorie, seulement il en résulterait que le premier Ménélas serait reculé dans notre Chronologie, jusqu'au tems assés moderne du regne des Pharaons.

Periple de Néarque. — Voyez Arrian. *Histor. Indica.* cap 19. Dodwell *de Arriani Nearcho* apud *Géogr. Minor.* tom. 1 Strab. *Geograph.* lib. III lib. XI et presertim lib. XV et Plin. *Histor. Natur.* lib. VI cap. 23 et 24 et lib. VII cap. 2.

Le conte de Néarque sur les Serpents de 70 coudées de long, a été renouvellé par Apollonius de Tyane. Voyez sa vie dans *Philostrate* lib. 3 cap. 17.

Periple de Pytheas. — Plin. *Histor. Natur.* lib. 2 cap. 75, lib. IV cap. 16 et lib. VI cap. 34. Strab. *Geograph.* lib. 2 et Hipparch. *Commentar. in Arat.* lib. 2 cap. 5

Voyez sur Euthymène qui commandait une escadre Marseillaise, dans le tems de Pythéas Senec. *Natural. question.* lib. IV cap. 2 et Marcianum. Héracleot. Apud *Geograph. Græc. Minores* tome 1.

Periple de Salomon. Voyez. *Paralipomen.* lib. 2 cap. 9. *Psalm* 72 *Isay.* cap. 2 et *reges.* lib. 3 cap 9 et 10.

L'opinion de Josephe, sur Ophir, se lit *Antiquit.* *Judaic.* lib. 8 cap. 2.

L'idée du Missionaire Thieffenthaler se voit *descript. de l'Inde.* tom. 1 pag. 34.

Sur le sentiment de l'Evêque d'Avranches, Huet; voyez *dissertation sur la navigation de Salomon.* Il est confirmé par le *voyage* du Dominicain Juan-Dos Santos, qui a été publié par Le Grand, et par le Chevalier Bruce, *voyage aux sources* du Nil. tom. 2 pag. 285. Ce dernier a même publié à la fin de son premier volume la Carte du Périple de Salomon.

Périple de Scylax — Herod. lib. IV cap. 44. *Géograph. Minor.* tom. 1 et *præfat. Dodwell. quæ præmittitur Fabricii. Biblioth. græc.* tom III. pag. 51.

PÉRIPLE

DE L'HERCULE ORIENTAL.

Des Écrivains qui ont écrit des Poëmes sur les Argonautes. — Outre ceux qui sont cités dans le texte on compte, parmi les Latins, Varro Atacinus, et parmi les Grecs, Pisandre, Hérodore, Denys de Milet et Cléon, qui a servi de modèle à Apollonius. Tous ces Chantres de Jason, ou d'Hercule, n'existent plus que par leurs noms dans l'Histoire.

Les éditions qui m'ont servi de guides, pour les trois grands Poëmes qui nous restent sur les Argonautes, sont, par rapport à Onomacrite, l'*Orphei Argonautica, Hymni, et de Lapidibus*, donné par Eschenbach, à Utrecht, en 1689 : pour Apollonius de Rhodes, la superbe édition donnée par Shaw, en deux volumes in-quarto, à Oxford, en 1777 ; et quant à Valérius-Flaccus, tantôt l'in-douze imprimé à Padoue en 1620, et tantôt l'in octavo qu'on a fait paraître à Deux-Ponts, en 1786.

Si on veut voir beaucoup de recherches sans critique, sur la fameuse expédition qui a servi de base à ces trois Poëmes, il faut lire la Mythologie latine, de Noël le Comte, et les dissertations savantes sur les Argonautes, que l'abbé Banier, l'interprète de tous les Contes bleus de l'ancienne Mythologie, a insérées dans les mémoires de son Académie.

SUR LES NOMS DE *Colchide*, *Phase* ET *[illegible]* — Toutes les étymologies orientales du texte, sont de Bochart, l'homme de son siècle le plus versé dans les langues Orientales. Voyez son *Phaleg*, lib. 4 cap. 31. Quand, en partant de deux routes aussi opposées, le Grammairien et le Philosophe se rencontrent, il faut qu'ils ayent doublement raison.

Texte sur Hercule. — Voyez Diodore, *Biblioth. histor.* lib. 1 cap. 15 Ce Texte très-long dans l'historien, n'est dans notre ouvrage qu'en analyse.

Sur Typhis. — Le Poëte qui a fait parler Médée, sur la scène de Rome, s'exprime ainsi sur ce Pilote des Argonautes, dans le monologue qui ouvre sa tragédie.

> *Lucina . . . quae domituram freti*
>
> *Typhin, novam frenare docuisti ratem.*

Et dans un Chœur du second acte:

> *Ausus Typhis pandere vasto*
>
> *Carbasa ponto, leges que novas*
>
> *Scribere ventis.*

Des Argonautes d'Onomacrite. — Son Poëme a des grands [illegible] dans [illegible], et dans [illegible]; deux [illegible] de [illegible] par Strabon. *Géograph.* lib. 1 [illegible].

Texte de la Medée de Sénèque. — Il regarde l'anxiété des premiers Argonautes, et se trouve dans la scène IV du second acte de cette tragédie.

Je ne doute pas que dans les vers où le Poëte fait blanchir les vagues sous les coups des avirons, il ne fasse allusion au délire de Xerxès, qui fit frapper de verges le Pont Euxin. Le vers latin a bien de l'énergie.

Jussit Pati verbera Pontum.

Sur la jonction du Pont-Euxin et de la Mer Caspienne. — Il s'agit de la jonction par l'intermède du Tanaïs : voy. Busching. *Géogr. univers.* tom. 2 pag. 79. Voyez sur l'union des deux mers par le Phase, la Géographie ancienne de Danville, tom. 2 pag. 106 et 120. Pline *Histor. natur.* lib. 6 cap 4 Eustathe, *in Dyonis. Periég.* vers 686, Strabon *Géograph.* lib. XI et Justin lib. 42. cap. 3.

Opinion de Timée. — Elle se trouve dans Diodore, lib. 4 cap. 17 ; le texte de notre ouvrage n'en offre que l'analyse.

De l'union de la mer Caspienne et de la mer Glaciale. — Pline. *Histor. natur.* lib. 3 cap. 15, Strabon *Géograph.* lib. 8 : c'est aussi l'opinion de Méla, d'Eustathe, et de Denys l'Africain.

Sur les Skrelingres. — Voyez *Hist. Natur.* du Groënland par Anderson, pag. 264.

De l'Océan Atlantique. — Les anciens entendaient sous ce nom une foule de mers, voyez Herodote, lib. 1. Diodore, lib. 1 cap. 10 et lib. 3 cap. 30 et Strabon, lib. 16.

FIN DES NOTES DU TOME VI.

ECLAIRCISSEMENTS

ET NOTES.

Page 1.

RÉSULTAT PHILOSOPHIQUE SUR L'ANTIQUITÉ DES PEUPLES ET LEUR ORIGINE.

DES LACS DE L'AMÉRIQUE SEPTENTRIONALE. — Suivant les calculs de la physique moderne, le Lac Supérieur a 125 lieues de long, sur 50 de large.

Le Lac Huron, n'en a que dix de moins; sous les deux rapports, ainsi que celui des Illinois.

On donne aux Lacs Erié et Ontario, 25 lieues dans la petite dimension, et, dans la plus grande, plus de 80.

Enfin, sans parler de la largeur, qui n'a pas été mesurée, on ne peut refuser 75 lieues, au Lac des Assiniboils.

Étymologie du mot Scythe. — Voyez le Baron de Strahlemberg, *descript. de l'Emp. Russ.* tom. 2 pag. 245. L'étymologie donnée par Diodore, se trouve, *Biblioth. histor.* lib. 2 cap. 26.

Antiquité des Scythes. — Le motif qu'en donne Trogue-Pompée, dans Justin, est d'un Philosophe : c'est à l'élévation du terrein de la Scythie, qu'il attribue le principe de l'antiquité des peuples qui l'habitent, voy. lib. 2 cap. 1.

On sçait par Lucien *de Deâ Syrâ*, qu'un des Scythes les plus célèbres était Deucalion.

De l'Étymologie du mot Palus. — ils est vrai que ce mot qui signifie en latin *marais*, n'est point de l'ancienne langue des Scythes; mais on sait que l'usage des Grecs était de traduire le sens des mots, quand ils écrivaient sur les mémoires des étrangers. Platon, comme nous l'avons vû, l'avoue, par rapport aux noms des Héros de l'Atlantide; et Diodore qui écrivait sous Auguste, a fait passer dans son ouvrage plusieurs termes de la langue des Césars.

DE L'OCÉAN ORIENTAL DE DIODORE — Voyez *Biblioth. histor.* liv. 2 cap. 26. L'Océan dont parle ici l'historien Grec, ne peut être la mer du Japon, éloignée aujourd'hui de plus de deux mille lieues, des Palus: il est clair que, dans ce premier âge, l'Océan Oriental était voisin de ce que nous nommons la mer Caspienne.

DE L'[illegible] DU MOT [illegible] — *Descrip. de l'Empire Russien.* Par Strahlenberg, tom. 2 pag. 1[illegible]8.

DE L'ORIGINE DES MÈDES, DES PERSES, ET DES CELTES. — Voyez Solin, *Polyhist.* cap. 25 *Ammian. Marcell.* liv. 31 cap. [illegible] et *l'Histoire des Celtes* du Pasteur de Berlin Pelloutier, *Passim.*

DES SCYTHES ET DES SARMATES. — *Hist. Généalog. des Tatars*, d'Abulghazi, suite de la page 7 et le baron de Strahlenberg, tom. 1 pag. 24[illegible].

ORIGINE DE LA CIVILISATION DES INDIENS. — Je trouve dans le code des Gentoux, écrit en Sanskretan, et traduit de nos jours sur l'original, un témoignage singulier en faveur de l'antiquité des peuples de l'Inde. « Cette antiquité dit Halhed dans » la préface, [illegible] confirmée par [illegible] » qu'offre chaque page de ce code que je publie,

» avec les lois de Moyse. On ne peut pas soupçon« ner que les Indiens ayent reçu des Hébreux, » aucun détail de leur religion et de leur juris» prudence ; mais il n'est pas impossible que la » doctrine des Gentoux aye été transportée de » bonne heure en Egypte, où Moyse l'aurait » trouvée. » Voy. *Code des Gentoux*. édit. de Paris de 1778 pag. 33.

De l'origine des Chinois. — Le Sçavant qui a le mieux expliqué les antiquités de l'Asie, s'exprime ainsi : « c'est un fait incontestable que les Chi» nois sont descendus des hauteurs de la Tartarie, » où sont les sources de l'Ocka et du Sélinga ; et » comme cette Colonie a pénétré dans la Chine, » par le milieu de la ligne que décrit aujourd'hui » la grande muraille, il a dù arriver que les pro» vinces Septentrionales de l'Empire, se sont poli» cées avant les Méridionales ; et voila ce qui est » attesté par tous les monumens, et par le nom » que les Chinois donnent encore aujourd'hui aux » habitans des provinces Méridionales ; lorsqu'ils » veulent les injurier ils les nomment Mand zy, où » les Barbares du Midi ». Voyez *Recherch. philosoph. sur les Chinois et les Egyptiens*, tom. 1 pag. 17.

SUR LA RETRAITE DE LA MER DES CÔTES DE L'AFRIQUE. — Peut-être que la retraite de l'Océan ne datte pas, par rapport à cette partie de notre Continent, plus haut qu'une trentaine de siècles; voy. ce qu'en pensait Méla, qui avait travaillé sur d'antiques mémoires, dans son traité *de la situation du Globe*. Gronovius, dans la superbe édition qu'il a donnée à Leyde de ce géographe, a plus fait encore; il a publié une Carte où ce monde est représenté dans l'esprit de Méla; et dans le monde de Méla, toute la partie de l'Afrique qui est au dessous de l'Ethyopie, est sous l'Océan. Voyez cette Carte qui a pour titre: *orbis terrarum, ex mente pomponii Meloe, delineatus*, à la tête du Méla, *varior.* édit de 1722.

DU PEU D'ANCIENNETÉ DE L'EGYPTE. — Voyez des détails sur la tradition qui en est le garant. Diod. sicul. *bibliot histor* lib 3 cap. 2.

GENEALOGIE DE NEPTUNE. — Voyez le même historien lib. 1 cap. 16.

DE L'EGYPTE, COMME INSTITUTRICE DE LA GRECE. — Il faut transcrire ici le texte même de Diodore; il n'a pas besoin de commentaire. « Les Egyptiens » se vantent d'avoir envoyé des Colonies sur toute

» la terre. . . . On dit que Danaüs, originaire de » l'Égypte, alla bâtir Argos une des plus anciennes » villes de la Grèce, et que d'autres chefs tous sor- » tis du même lieu, conduisirent les uns, les peu- » ples qui habitent maintenant la Colchide et le » royaume de Pont, les autres, le peuple Juif, » qui occupe le pays situé entre l'Arabie et la Syrie. . . » On assure encore que les Athéniens sont une » Colonie des Saïtes, peuple de l'Égypte; et on » prouve cette origine, en faisant remarquer que » de toutes les villes Grecques, Athènes est la seu- » le qui porte le nom d'Asty, pris de la ville » d'Asty en Egypte. voyez *Biblioth histor.* lib. 1 cap. 16.

SUR LE SCYTHE ACMON. — Voyez Stephan *de urbibus* au mot *Acmonia* et Strab. *Geograph.* lib. 2. observons encore qu'Herodote lib. 1 fait de la Phrygie un vaste lac, avant l'arrivée d'Acmon.

DE QUELQUES HOMMES CÉLÈBRES DU MONDE PRIMITIF, QUE LES PEUPLES D'UNE ANTIQUITÉ INTERMÉDIAIRE SE SONT APPROPRIÉS.

ABARIS. — *Herodot* lib. IV : *Diod Sicul* lib 2 cap. 28 et lib. 7 cap. XI. --- Plin *histor natur* lib. 4 cap. 18 : Plat. *in Axiocho* et *in Charmid* Jamblich. *vit. Pythagor.* cap. 28 : Suidas au mot *Abaris* : Phalarid. *epistol.* Pass. Julius Firmicus *de errore profanar. relig.* dans Scaliger *notae in Euseb.* n°. 1454. Rudbeck *Atlantic* tom. 2 pag 19 et *diction. de Bayle au mot Abaris.*

ACMON. --- Diod *biblioth. histor.* lib. 3 et fragment de son livre VI cité dans Eusèbe *Præpar Evangel.* lib. 2 Strab. *Géograph.* lib. 2 Solin. *Polyhist.* Pass. Stephan Byzant. au mot *Acmon* et fragm. de Sanchoniaton, dans Fourmont *réflex. critiq.* tom. 2 pag. 9 et Pezron *de l'antiquité des Celtes* pag 53.

ATLAS. — Diod. Sicul. *biblioth.* lib. 3 cap. 31 Plin. *histor. natur.* cap. 8 et lib. 7 cap. 56 : Suid, Lexicon, au mot *Orpheus* : Lucian. *tractat. de astrol.* Divi. Augustini *de civitate dei* lib. XVIII cap. 8 Clem. Alexandr. *Stromat.* lib. 1 Sanchoniaton, dans Fourmont, *réflex. critiq.* tom. 1 pag. 13 et Bailly, *hist. de l'astronom. ancienne*, pag. 305.

Je me suis permis d'avancer dans le texte, que la fable Orientale, sur le fardeau du ciel porté par Atlas ne signifiait autre chose que les vastes connaissances de ce Prince en Astronomie, et je trouve deux écrivains célèbres, du siècle d'Auguste rendre hommage à cette vérité historique.

» Atlas, dit Cicéron, n'aurait pas été chargé de » soutenir le ciel, si sa connaissance des phénomè » nes célestes, n'avait donné lieu à cette fable » accréditée, voyez *Tuscul.* lib. 5.

Vitruve n'est pas moins expressif. « l'histoire, dit- » il, nous représente Atlas, comme portant le ciel, » parce que ce fut lui qui enseigna aux hommes » le cours du soleil, le lever et le coucher des » astres, les révolutions périodiques du monde » lib. VI.

BACHUS. — Diodore et Plutarque sont mes principaux guides dans cette histoire. Le philosophe de Chéronée, parle de Bacchus sous le nom d'Osiris dans son traité *de Isis et Osiris*, et Diodore dans les livres 1, 3 et 4 de sa *bibliothèque.*

DES DIVERS NOMS SOUS LESQUELS BACCHUS FUT HONORÉ. —— Divers savans ont donné l'étymologie de ces noms : leurs opinions ne sont ni assez fondées pour les admettre, ni assez importantes pour les réfuter.

« *Bachus* vient du Phénicien, ***Bakoui***, qui » signifie *l'homme qu'on pleure.* (On pleura, en » effet beaucoup sa mort en Egypte;) *cela doit* » *demeurer sans contredit* ». Voyez *réflex. critiq.* de Fourmont, tome I, page 108.

Le savant Fréret, qui n'empêche pas qu'on le *contredise*, fait venir Bacchus de l'[illegible], *B[illegible]*, qui signifie une grappe de raisins. *Mém. de l'acad. des inscrip.* édit. *in-12.* tom 58.

Osiris est peut-être *Oscirsioh*, qui dérive de *Schar*, prince, et de *Sioh*, épée; alors Osiris serait le prince de l'épée, voyez Fourmont, tom. I, pag. 112. Le savant Gebelin fait venir Osiris du mot *Ser*, qui en Egyptien, et en Arabe, signifie *Sheick*; delà le mot oriental, *Osir*, qui signifie rische, puissant, qui a tout en abondance, et peut être notre mot *Sire*, dont on qualifie les rois. Voyez le *monde primitif*, au volume du *Calendrier* page 515.

Dyonise, est le dieu de Nysa. Diod. lib. 1; cap. 8. Nysa est une ville que les savans mettent tantôt dans l'Inde, tantôt dans l'Arabie, tantôt dans l'Ethyopie.

Adonis, synonyme de *seigneur* dans les langues orientales, est un des noms sous lesquels la Syrie révéroit le soleil, Plutarch. *Symposiaq.* liv. 4. Or, Bacchus a souvent été pris pour le soleil. Voy. cy après l'*hymne de Martien Capella*.

Liber, autre épithète, indiquant la liberté qui accompagne les orgies, qu'on célèbre en l'honneur du dieu des vendanges.

Parallèle de Bacchus et de Moyse. — Voici celui de Vossius, qui a été adopté par le fameux évêque d'Avranches : il servira à faire connoître la manière dont on envisageoit l'histoire au commencement du siecle de louis XIV.

Les différens traits de ce parallele ont été rassemblés par Fourmont, et sa singularité nous oblige à le transcrire.

» Bacchus et Moyse sont nés en Egypte ; l'un et » l'autre ont été mis sur le Nil dans un petit coffre » abandonnés au gré des eaux.

» Tous deux ont eu deux mères.

» Tous deux ont été élevés en Arabie, se sont » illustrés dans les armes, et ont eu des femmes dans » leurs armées.

» Bacchus est nommé *Bicornis* comme Moyse, » *Exod.* cap. 34, vers 29.

» Il y a des serpens dans ses mystères.

» Il a un chien avec lui, comme Moyse, *Caleb* » (mot des langues orientales, qui signifie » chien.)

» Les Bacchantes dans Euripide, d'un coup de » thyrse, font sortir de l'eau d'un rocher.

» Selon Nonnus, Bacchus, en frappant l'Oronte » et l'Hydaspe de son Thyrse, les passe à pied » sec. Ce Thyrse jetté à terre, devient un » serpent ; les Indiens sont dans les ténèbres » pendant que les Bacchantes jouissent de la » lumière ». Voyez *Fourmont, Réflexions critiques sur l'origine des anciens peuples*, tome I, pages 118 et 119.

Il n'y a que la bonne foy des Vossius et des

[illegible] qui puisse faire excuser l'indécence d'un pareil parallèle.

Des Princes divers qui ont pris le nom de Bachus. — Diodore lib. 3 cap. 34, rapporte lui-même les traditions de son tems, sur trois Bachus, dont l'un était né dans l'Inde et les deux autres dans la Grèce; mais il dit dans le même endroit que, suivant une opinion plus répandue: « il n'y » avait eu qu'un seul héros de ce nom, qui » avait enseigné aux hommes à faire du vin et » à recueillir le fruit des arbres; qui avait conduit » une armée sur toute la surface du Globe, et » à qui on devait l'invention des Mystères et des » Bachanales.

Le seul Bachus qui ne se lierait point avec notre chronologie, serait celui qui naquit suivant les poëtes Grecs, dans la Béotie, de Jupiter et de Semus, fille de Cadmele; au reste l'historien qui rapporte cette fable, l'explique ailleurs de manière à confirmer mes doutes sur l'existence de ce Bachus de la Béotie.

De Bachus. Osiris. — Toute l'antiquité s'est accordé à dire que le Bachus Grec était l'Osiris de la haute Egypte. Voyez sur tout

Hérodote, lib. 2, Diod. Sicul. lib. 1, et Plutarch, *de Iside et Osiride.*

On sent combien il me serait aisé de m'étendre sur Bachus, sur Hercule et sur tout les héros de l'antiquité, dont les noms et les travaux se perdent dans la nuit des conjectures; mais obligé de circonscrire jusqu'aux notes érudites de mon ouvrage, je ne laisse entrevoir mon travail à mes lecteurs, qu'autant qu'il en faut pour mériter leur confiance.

Du second Saturne. --- Ce Titan avait épousé Rhea femme d'Ammon, qui n'avait pu pardonner au Roi Africain, de lui avoir donné des rivales. La vengeance de cette femme fut la seule cause de la guerre : *Diod. Sicul.* lib. 3 cap. 36.

D'un Roman du savant Bailly. -- *Lettres sur l'Atlantide*, pag. 401 et 402.

Sur Silene. --- Diodore, lib. 3, cap. 36. Fait entendre que ce compagnon de Bachus, avait une queue naturelle, comme un quadrupède, et que cette singularité physique de conformation, lui venait de ses ancêtres.

Des Colonnes de Bachus. --- On a conservé

lo[illegible] qui [illegible] de ces monumens dans l'Ia-de. Voyez [illegible] *Perieget.* vers 625.

[illegible] — [illegible] liv. 4.

SUR LA MORT DE BACHUS. — Voy. Callimaque et Euphorion, dans Tzetzès, *ad Lycophron*, pag. 29.

TRAIT DE XÉNOPHANE. — Voy. Plutarque *discours Erotique*.

L'[illegible] DE BACHUS. — Voy. le faux Plutarque, *Libell. de fluvior. et mont. nominibus* au mot *Marsyas*.

DES HYMNES DE BACHUS. — Je veux parler ici d'une hymne de Martianus Capella, adressée à Bachus, comme emblême du soleil, qui renferme un précis de la théologie mystique de Pythagore, et que je vais transcrire par le double motif de sa bisarrerie et de son antiquité.

L'ouvrage est tiré du livre qui a pour titre *de nuptiis philologiæ et Mercurii*, et je suis en partie la traduction du savant Gebelin, *monde primitif*, volume de *l'histoire du Calendrier*, pag. 145.

» Force suprême d'un père inconnu, ô toi! son » premier né, principe du sentiment et de l'intelli-

» gence, source de la lumière, Roi de la nature » gloire des Dieux, et preuve de leur existence. . . . » toi, qui donnes seul aux mondes supérieurs une » chaleur tempérée, et qui dictes tes loix aux » constellations, sous le nom desquelles on honore » les Dieux, parce que tu es placé dans le qua» trième orbite et que le nombre qui t'est consa» cré, t'a été assigné par la droite raison; en sorte » que dès le commencement, tu nous donnes un dou» ble Tétrachorde.

» Le Latium t'appelle soleil, parceque toi seul, tu » es après ton père la source de la lumière: douze » rayons, symboles des heures, couronnent ta » tête sacrée, quatre coursiers sont *attelés à ton* » char, image de ta victoire, sur le quadrille formé » par les quatre élémens.

» . . , Sous le nom de *Phoebus*, tu découvres » les secrets de l'avenir, et sous celui de *Lyaeus*, » tu dissipe les mystères de la nuit; le Nil t'invo» que *sous* le titre de *Serapis*, Memphis sous » celui d'*Osiris*; dans les Fêtes de l'hiver on t'ap» pelle *Mythra*, *Pluton*, et le barbare *Typhon*; » on te révere aussi sous le nom du bel *Atys*, » de l'enfant chéri de l'agriculture. Dans la

» Les Libyens te nomment *Ammon* et *Adonis* à Byblos ; » ainsi sous diverses dénominations, tu partages les hommages de l'univers.

» Je te salue image vivante des dieux, toi dont » trois lettres qui valent en nombre, six cent huit » forment le nom mystérieux, le sur-nom et le présage, accorde nous de monter sous tes auspices, à la voûte céleste, et d'y assister à l'assemblée » des intelligences.

Il ne faut pas trop s'appésantir sur l'ignorance du poëte Capella qui confond Bachus avec Ammon, dont il reçut le jour, et avec Typhon qui l'assassina ; ce n'est pas à l'historien des hommes à commenter ou à réfuter des logogryphes.

Hercule. --- Cicéron en comptait six, et Varron quarante trois : une note de l'histoire de la Grèce nous donnera dans la suite des lumières sur leur identité.

Culte des deux Hercules à Gadis. --- Voy Philostr. *vit. Apollon.* lib. 2, cap. 14, et lib. 3, cap. 6.

De l'intervalle entre leur naissance. --- *Diod Sicul.* lib. 1, cap. 13.

Texte de Diodore. — Voyez cet Historien *Loco citat.* en général la vie de l'*Hercule* de Diodore, est éparse dans plusieurs endroits de son ouvrage; mais les plus grands détails qu'il donne sur ce héros se lisent au livre IV et ils occupent depuis le chapitre 5 jusqu'au 11.

Hermès — Sur son nom de Butta, — ce n'est que de nos jours, qu'on a découvert l'analogie du Butta indien, avec Thaut ou Hermès, et on doit cette observation à l'esprit philosophique, qui rassemble les faits épars, qui les compare et qui les concilie. Le quatrième jour de la semaine est consacré chez les Indiens, à Butta fondateur de la philosophie, et chez les Egyptiens à Thaut, fondateur des Sciences; pour rendre le parallèle encore plus frappant, il se trouve que le même jour, qui répond à notre mercredi, est également marqué chez l'un et l'autre peuple, par la planete de Mercure. *Mem. de l'acad. des inscrip.* édit. *in* 4°. tome XXXI, page 117.

Sur sa patrie. — Voyez Abulfarage *histor. Dynast.* page 7; *voyage aux sources du Nil*, de Chev. Bruce édit. *in*-8°. tome 2. page [illegible] et Porphyre dans Eusebe, *præpar. Evangel.* lib. 1 cap. 9e.

SUR L'IDENTITÉ DES PERSONNAGES CONFONDUS AVEC HERMÈS. — Je sçais qu'un grand nombre de savans distinguent, avec Manethon, deux Thaut, l'un antérieur et l'autre postérieur au déluge; mais le texte sur lequel ils s'appuient, est d'une obscurité qui le rend susceptible de toutes sortes d'interprétations. Après avoir pesé toutes les raisons de part et d'autre, il m'a paru que le ministre de Saturne pouvait avoir été l'inventeur ou dumoins le restaurateur des arts, et de l'astronomie.

On peut consulter sur le tems où a vécu ce héros Manethon dans le Syncelle, *Chronog.* pag. 50, et Eusebe *Præp. Evang.* lib. 1 cap. 9.

Quant à son histoire de l'Astronomie, conservée dans l'Inde, on en trouve une copie parmi les manuscrits de l'ancien géographe Delisle, qui sont à la Biblioth. Roy., elle est inscrite sous les nos. 23, 9, B

SUR LES SYRINGES. — c'étaient des labyrinthes souterreins, creusés par les Hyérophantes des Mystères, qui ayant appris qu'il devait y avoir un nouveau déluge, tracèrent sur leurs murs le tableau de leurs cérémonies, pour en éterniser la mémoire. *Ammian, Marcel*, lib. 22.

JUPITER, — je ne vois parmi les anciens que

Diodore qui mérite quelque croyance sur la vie mortelle de ce héros divinisé. *Bibl. hist.* lib. 3 et 5.

Quant aux deux Jupiter, je me suis élevé plusieurs fois contre la licence des écrivains, qui coupent en deux un héros, pour rendre vraisemblable *la chronologie* de son siècle : mais ce reproche ne tombe que sur les modernes, qui refont, dans leurs cabinets les livres de Manéthon, de Sanchoniaton et de Diodore. Assurément, quand les historiens de l'antiquité distinguent *par les faits deux personnages*, que le même nom expose à confondre, il faut bien les suivre; il ne nous appartient pas, après tant de siècles, de leur contester qu'ils aient possédé plusieurs Atlas, plusieurs Hercule et plusieurs Jupiter.

NEPTUNE, — *Il y en a eu plusieurs suivant* Aulugelle, *Noct. Attic.* lib. XV, cap. 21. Voyez aussi sur la personne de ce héros le cinquieme livre de Diodore, et le fragment de Sanchoniaton.

Quand j'ai cité dans le texte Neptune comme un héros navigateur, je n'ai *point fait une hypothèse* philosophique; ce prince, dit Diodore, a mérité l'empire de la mer, en y conduisant une armée navale, lib. V cap. 32.

OURANOS, — Voy. la Théogonie d'Hésiode, le

troisième livre de l'histoire de Diodore, et surtout le précieux fragment d'Evhémère qu'Eusèbe nous a conservé, *Praepar. Evang.* lib. 2.

Fourmont, qui n'est pas le philosophe Evhémère, a singulièrement déraisonné sur l'étymologie d'Ouranos, qu'il fait dériver d'une ville d'Ur, où naquit Abraham. « Voilà, dit-il, avec un enthousiasme » plaisant, ce que l'on cherche depuis trente siècles.. » quiconque ne sent pas cela ne sent rien, *Reflex. critiq.* tom. 1 pag. 64.

Il y a sur l'empire d'Ouranos une rêverie bien étrange dans le philosophe Bailly; je cite ici le texte pour qu'on me croye, et je crains de n'y pas réussir. On peut croire, dit-il, que les Atlantes, habitans d'une des îles de la mer Glaciale, peut être du Spirtzberg, y ont vu le règne d'Ouranos, d'Hesper d'Atlas : le royaume de Saturne sera si vous le voulez le Groënland — *Lettr. sur l'Atlant.* pag. 465

Prométhée, — voyez sur sa naissance la Théogonie d'Hésiode et le Promethée d'Eschyle : sur l'étymologie de son nom, Pelloutier, *hist. des Celtes* tom. VI pag. 46, sur le tems où il a vécu le *Lexicon* de Suidas tom 3 pag. 129, sur sa prétendue consanguinité avec Sésostris la *Chronol. reform.* de Newton, pag. 2?? , et surtout Apollodore lib. 1 cap. 9, Hygin. [illegible] *Actæon*, et Philostrate, *Vit. Apollon*, lib. 2, cap. 3.

Saturne. — Mes guides sont les écrivains déjà cités tant de fois, tels que les premiers livres de Diodore et de Denis d'Halicarnasse, ce qui nous reste d'Evhémère, et le fragment de Sanchoniaton.

Sa fondation d'Hiéropolis a été connue de nos jours par [illegible], *voyage du Levant*, tom. 1 pag. 59 et 168.

Sur son envolat au Caucase, voy. le faux Plutarque libell. *de Fluvior. et mont. nomin.*

Son don de prophétie se prouve, dit-on, par ce qu'il prédit aux Chaldéens le déluge de Xixuthros. Euseb. *præpar. evang.* lib. X.

Le traité de Gélon, qui fit cesser les sacrifices humains sur les autels du Saturne de Carthage est cité par Plutarque, *de serâ numinis vindictâ.*

Tirésias. — Mes principaux garants sont Apollodore, *Biblioth.* lib. 3 cap. 6. Diodore lib. V. Héphestion *nov. hist.* lib. 1 Callimaque *in Lavacr. Palladis* Porphire *de abstinent.* lib. 3. et Ovide *Metamorph.* lib. 3.

Texte de Varron, sur l'applatissement du Globe

vers les Pôles [illegible] *Mathemat.* lib. *de Astronom.* [illegible]

Passage d'Aristarque, sur le vrai système planétaire : il est dans les œuvres d'Archimède au traité qui a pour titre *de arenae* [illegible] édit. d'Oxford de 1776.

Sur la multitude d'étoiles chez les astronomes voy. Hyde *commentaire sur les tables d'Ulug-beg* pag. 4.

Texte de l'Histoire de l'Astronomie moderne. — Voyez tom. I pag. 275. Son auteur devenu si célèbre et si intéressant, tire un grand parti de celui : et on ne peut que lui applaudir, car il s'y montre à la fois éloquent et philosophe.

DERNIERE OBSERVATION.

Quelque soin que j'aie pris pour l'exécution typographique de cet ouvrage, le succès n'a pas toujours répondu à mon attente : je prie le lecteur indulgent, le seul pour qui j'écris, d'observer, que ce livre est sorti presque tout entier de mes presses, que commencé dès 1780, il a été suivi avec constance, dans le plus fort des orages de la Révolution Française, qu'a peine a-t il été discontinué, lorsque renfermé dans une bastille Républicaine l'inquisition du Vandalisme menaçait ma tête ; il ne serait donc pas étonnant que malgré mon zèle pour me rendre digne des regards de mes concitoyens, des erreurs involontaires parussent échappées de ma plume : parmi ces erreurs il en est de légères, que le lecteur instruit corrigera assez de lui-même ; en voici quelques autres plus importantes que j'indique, parceque toute la sagacité philosophique aurait de la peine à y suppléer.

ERRATA ESSENTIEL.

Tom. IV. pag. 40 lign. 14 : des colonnes et des explosions. — *Lisez* : des calmes et des explosions.

Ibid pag. 57 lign. 17 : d'Arequipa de Sangai de Pichinca. — *Lisez* d'Aréquipa, de Sangai de Pichinca.

Ibid pag. 101 lign. 20 les Moluquesques et les Ma[illegible]. — *Lisez* : les Kuriles, et les îles brûlantes de l'Italie.

Ibid pag. 108 lign. 2 et 3 : est celle d'Hyèra, aujourd'hui, Vulcanello, une des îles de l'Archipel.

— *Leros* : fait partie de notre Santorin, et ne sçaurait être, comme le prétend le Commandeur de Dolomieu, une des îles de cet Archipel.

Tom. VII pag. 70 : on a sauté, au sujet d'Orphée, les paragraphes suivants.

« Cet *Orphée* un des héros des Argonautes, a » pu vivre dans les âges primitifs, et n'aurait alors » qu'un vain rapport de nom avec celui que notre » chronologie place, il y a environ trente siècles, » et qui donna aux Thraces, errants et antropo- » phages, des mœurs, des loix et une religion.

« Ce premier Orphée, initié dans les mystères » de la physique, devait paraître à des hommes » stupides, opérer des merveilles : il est probable, » par exemple, que quand une couleuvre eut » distillé son venin sur le pied d'Eurydice, le sage » par l'étude qu'il avait faite des simples et de la » machine humaine, eut l'art de tirer une épouse » chérie d'une maladie jugée mortelle, et qu'il ne » la reperdit, que pour avoir voulu en jouir, avant » d'avoir affermi sa convalescence.

FIN DES NOTES DU TOME VII.

Explication des gravures.

EXPLICATION
DES TRENTE GRAVURES
DE L'HISTOIRE DU MONDE PRIMITIF.

CARTE DU MONDE PRIMITIF
A L'ÉPOQUE DE LA FONDATION DES PREMIERS EMPIRES.

CETTE Carte, d'un ordre majeur, ne doit point être comparée avec nos Mappemondes vulgaires, ni jugée sur les principes des Géographes à routine. Il ne s'agit pas ici du Monde des Cellarius, des Busching et des Danville, mais de celui qui existait avant qu'il y eût des Historiens.

Il n'y avait point à cette époque de monument littéraire, qui pût déposer en faveur de mes recherches ; mais j'en ai trouvé de bien plus authentiques que les vains ouvrages des Philosophes : je parle du suffrage muet, mais éloquent de la Nature. En effet, il est impossible d'examiner la structure du Globe, la formation régulière de ses couches, la position de ses lits de coquillages, la direction de ses Chaînes de montagnes, sans se convaincre du séjour primitif de l'Océan sur sa surface; il ne faut pas même demander à l'Histoire des preuves de ce grand principe de Physique : il est évident que ces révolutions du Globe, produites par l'action des mers, ne se sont opérées que par la destruction de la race d'hommes, qui pouvait en perpétuer la mémoire.

Cette Nature nous atteste que vers l'âge de la fondation des premiers Empires, le Globe était partagé en grandes Iles et en petits Archipels.

Ce que nous nommons la mer Caspienne, était un effroyable amas d'eaux qui communiquait d'un côté au Pont-Euxin et à la mer Glaciale et de l'autre à la mer des Indes; ainsi la plus grande partie de l'Asie était entièrement séparée de l'Afrique et de l'Europe.

Alors la Presqu'île de l'Inde et celle de Malaca se trouvaient séparées du Continent, et ne se liaient par une ligne idéale avec lui, que par les pointes des montagnes, qui s'élevaient au-dessus des eaux.

La mer Rouge, franchissant l'Isthme de Suez unissait ses flots à ceux de la Méditerranée; et l'Afrique n'était pas encore comme on la voit aujourd'hui, une grande Peninsule.

Notre Europe, dans ces premiers âges, était singulièrement morcelée, excepté vers les Chaînes des Alpes et des Pyrénées; comme on n'y voyait point encore de grands peuples, il m'a paru suffisant d'indiquer la demeure de l'Océan sur sa surface, au-dessus de l'Italie et dans la Scandinavie.

Comme l'Atlantide existait alors dans la Méditerranée, je lui ai donné toute l'étendue marquée par Platon et Diodore, et je l'ai placée où est notre Sardaigne, qui sans doute n'est qu'un des débris de cette Ile si célèbre dans l'antiquité.

J'ai cru aussi, pour l'intelligence de mes recherches sur les tems primitifs, devoir indiquer les positions de cette Atlantide suivant tous les systêmes philosophiques, que, par la nature de cet ouvrage, j'ai été contraint de réfuter.

Ma Carte n'offre point la position de l'Amérique: ce monde est nouveau même pour nos Géographes; séparé, au tems qui nous occupe, du reste du Globe, par un intervalle immense de mers, il n'existait que par la Chaîne des Cordilières.

MAPPEMONDE.

Après avoir promené le lecteur philosophe dans les landes à peine frayées du monde primitif, il était important de le ramener dans les routes mille fois tracées du monde qu'il occupe : les Sites qu'il connaît servent alors à fixer ses idées fugitives, sur les positions idéales que lui indique l'histoire d'un globe qui n'est plus : il compare la Mappemonde des âges modernes avec celle des tems où il n'y avait point encore de Géographie ; et quand son œil effrayé n'ose calculer l'abîme qui le sépare des périodes antérieures à la Chronologie, il se sert des points capitaux de cette Mappemonde comme de Colonnes Milliaires pour en mesurer les distances.

CARTE DU GLOBE PHYSIQUE.

ELLE est d'une haute importance pour se faire une idée juste de la charpente du Globe, et suivre toutes les ramifications des Chaînes de montagnes qui lient sous les eaux nos trois Mondes. Cette Carte fut imaginée au milieu de ce siècle par Buache, un des premiers hommes qui ait osé porter l'esprit philosophique dans la Géographie. Je n'ai eu besoin pour me faire entendre que de sa Carte générale réduite ; car on ne connaît pas assez l'intérieur de l'Océan et les communications soumarines des Iles et des Archipels pour projetter avec quelque vérité des Cartes de détail.

CARTE DE LA MER CASPIENNE

DANS SA PREMIÈRE RÉVOLUTION.

Le plus grand trait de lumière qui s'échappe de l'histoire comparée du globe physique et des hommes, vient du tableau des révolutions qu'a essuyées la mer Caspienne.

Ce bassin isolé de l'Asie, qui n'a aujourd'hui que 300 lieues de long sur 50 de large, n'était point originairement, ainsi que nous l'avons prouvé, un simple lac jetté par la nature au centre de notre Continent; tout nous conduit à croire que ce sont les restes de l'Océan qui couvrit un jour les plaines de l'Asie, et qui servait d'intermède entre la mer Glaciale et celle des Indes.

Notre Carte indique ces restes de l'Océan, à l'époque de la fondation des premiers Empires; c'est alors que, plus circonscrit du côté de l'Orient et de l'Occident, il a pu commencer à prendre le nom de mer Caspienne.

Mais il suit de l'examen de l'architecture du Globe vers le nord et le nord-ouest de l'Asie, que la mer Caspienne a pu non-seulement communiquer à la mer Glaciale, mais encore au Pont-Euxin, par la plaine sabloneuse d'Astracan, qui était alors sous les eaux; et il a fallu marquer cette double réunion.

Une pareille Carte n'est point l'ouvrage de l'imagination philosophique; il est difficile de se refuser à l'évidence qui résulte de toutes les probabilités, que nous avons apportées en faveur de notre opinion; mais si, après la lecture réfléchie de nos preuves, on pouvait douter encore, j'en appellerais à des faits authentiques, c'est-à-dire, au tableau des autres révolutions de la mer Caspienne.

CARTE DE PTOLEMÉE,

OU

SECONDE RÉVOLUTION DE LA MER CASPIENNE.

C'est un grand nom sans doute que celui de Ptolemée, soit qu'il soit considéré comme Géographe, soit qu'il le soit comme Astronome; or, cet homme célèbre qui avait voyagé dans les pays dont il parle, ou du moins qui avait écrit sur les mémoires d'hommes dignes de foi, qui les avaient parcourus, nous donne de la mer Caspienne une idée bien différente qu'on en avait avant lui et qu'on en a eu après. Il déclare que cette Méditerranée de l'Asie avait de son tems, ou plutôt au tems des écrivains originaux dont il a transcrit les mémoires, vingt-trois degrés et demi, ou près de 600 lieues d'Occident en Orient.

Alors le lac Aral faisait partie de la mer Caspienne.

Alors la plus grande partie de la Circassie Moscovite était sous les eaux.

Alors il n'y avait au-delà du Caucase qu'un Isthme peu considérable qui séparait le grand bassin Asiatique dont nous parlons, du Pont-Euxin.

Ptolemée fleurissait au milieu du second siècle de notre Ere vulgaire, et on peut conjecturer que les mémoires qui lui ont servi de guides, pouvaient remonter à environ mille ans; ce qu'il est très-important d'observer : car il en résulte, que vingt-cinq siècles ont suffi pour ôter 550 lieues de surface à la mer Caspienne.

CARTE D'ABULFEDA,

OU

TROISIÈME RÉVOLUTION DE LA MER CASPIENNE.

ABULFEDA était, comme nous l'avons dit, un Prince Arabe qui régnait à Hamah en 1300: on le regardait de son tems, comme un excellent Géographe dans la célèbre Académie de Samarcande. Il a assigné les différences en longitude et en latitude des côtes de la mer Caspienne, et il suit de ses recherches, que ce grand lac de l'Asie n'avait, à cette époque, que 350 lieues d'Orient en Occident.

Il n'a donc pas fallu douze cents ans à la mer Caspienne d'Abulfeda, pour avoir 250 lieues d'étendue de moins que la mer Caspienne de Ptolemée.

Le lac Aral ne formait point encore à cette époque, un bassin séparé; ainsi c'était du côté de la Circassie que s'opérait le grand phénomène de la diminution de la mer Caspienne.

CARTE DU CZAR PIERRE-LE-GRAND,

RECTIFIÉE PAR DANVILLE,

OU

QUATRIÈME RÉVOLUTION DE LA MER CASPIENNE.

On sait que Pierre-le-Grand fit lever à grands frais au commencement de ce siècle la Carte de la mer Caspienne par Vanverden; qu'on découvrit alors entre elle et le lac Aral un vaste désert de trois cens lieues de long sur environ cent cinquante de large, qui portait toutes les marques d'une terre vierge, et lentement abandonnée par les eaux, et que cette Carte ainsi réduite fut envoyée par ce Prince à Fontenelle, pour être déposée à l'Académie.

Un des meilleurs Géographes de l'Europe, le savant Danville, rectifia cette Carte, y joignit les observations astronomiques qui manquaient à celle de Vanverden, et nous fit connaître ainsi la vraie circonférence de ce grand bassin de l'Asie, en lui assignant environ trois cens lieues de long sur cinquante dans sa plus grande largeur.

Le Carte que j'offre ici est réduite et dégagée de tous les petits détails qui pourraient gêner la marche d'une histoire philosophique du Monde primitif.

CARTE DE PALLAS,

OU

CINQUIÈME RÉVOLUTION DE LA MER CASPIENNE

Quelque soin qu'eût mis le célèbre Danville à rectifier la Carte de Pierre-le-Grand, comme il avait en Géographie un esprit de routine non moins éloigné de la vérité que l'esprit de système, il avait besoin d'être rectifié lui-même. Sa principale erreur tombe sur la fausse position qu'il donne à la mer Caspienne, en la rapprochant sans preuves d'un degré vers l'Orient.

Pallas, qui a voyagé avec tant de succès en Asie pour sa gloire et pour celle des connaissances humaines, nous a donné la vraie Carte de la Méditerranée de l'Asie et de tous les pays adjacens : j'en ai fait graver la partie qui peut conduire à la solution de notre grand problême sur l'union antérieure des mers de l'Asie, et sur-tout sur la jonction du lac Aral à la mer Caspienne.

Cette Carte de Pallas nous indique donc la vraie circonférence de la mer Caspienne : et elle servira à l'observateur géographe jusqu'à ce que ce grand lac abandonne ses rivages actuels, et que la rétraite de ses caux oblige nos descendans, après trente ou quarante générations, à tracer le tableau d'une sixième révolution.

CARTE DU GOLFE DE PERSE.

Il ne nous reste rien des anciens sur l'étendue et la configuration des côtes du Golfe de Perse : cependant, comme il importe pour l'étude de la Géographie comparée, de connaître cette prolongation de la mer des Indes, qui sépare aujourd'hui l'Arabie de la Perse, il a fallu en réunir la Carte à l'Atlas du Monde primitif.

Seulement pour éloigner toute espèce de soupçon que lorsque les faits me manquent je me livre aux conjectures philosophiques, j'ai fait représenter le Golfe de Perse suivant l'idée que nous en donnent les modernes Hydrographes.

On se rappellera cependant que les mers s'étant insensiblement retirées de la surface de l'Asie, ce Golfe de Perse moderne n'a aucun rapport, ni par l'étendue, ni par la configuration des côtes avec celui du Monde primitif.

Il y aurait plusieurs époques à fixer pour la retraite successive de ce grand bras de l'Océan, depuis qu'il a commencé à se séparer de la mer Caspienne jusqu'à nos tems modernes. Mais ce problême n'en est plus un pour le lecteur intelligent, depuis qu'il a traversé toutes les landes du Monde primitif.

Il y a dans le beau recueil de Danville une Carte estimée du Golfe de Perse; mais, comme ce savant ne connaissait l'Asie que par ses livres, j'ai cru devoir lui préférer, pour la projection, celle du Géographe Niehbur, faite en 1765 sur ses propres observations nautiques: on la trouve dans le voyage d'Arabie, exécutée par ce savant, sous les auspices du Roi de Danemarck.

CARTE DE LA FRANCE.

Les trois Cartes de la France, de l'Allemagne et des environs d'Utrecht, qui complettent cet Atlas, sont nécessaires pour l'intelligence de la double théorie de la retraite des mers et du Volcanisme qui sont développées dans les tomes III, IV et V du Monde primitif.

Il m'a été impossible d'adopter la division Républicaine en départemens : d'abord parce que la République Française n'était pas encore née à l'époque de l'impression de mes premiers volumes, ensuite parce qu'il en serait résulté un chaos inextricable pour les lecteurs, la division ancienne en provinces, que j'ai été obligé de suivre, étant celle de tous les savans de l'Europe et de toutes les Académies.

CARTE DE L'ALLEMAGNE.

L'objet en est expliqué dans l'analyse de la Carte précédente. Cette Carte n'a d'autre mérite que d'avoir été rectifiée, en quelques positions, d'après les six volumes *in*-8°. si justement estimés, que le savant Busching a composé sur la Géographie de l'Allemagne,

CARTE DES ENVIRONS D'UTRECHT.

Elle a paru nécessaire pour l'intelligence de quelques faits relatifs au séjour primitif de la mer sur le sol de la Hollande, à l'examen des couches diverses que les sédimens des dépouilles marines y ont superposées, et à l'extinction de ses volcans, depuis que la communication a été rompue entre la mer et les cratères de ses faibles montagnes.

PORTRAIT.

Il me semble très-inutile à l'intelligence de la Géographie physique du Globe, et à la propagation des connaissances humaines sur le Monde primitif; mais il m'a été demandé avec instance par les Libraires, et j'y ai consenti, à condition que des différentes empreintes que le burin du Graveur a faites de ma tête, ils choisiraient celle où je ne suis point nommé.

COSMOGONIE DE BUFFON.

Elle était nécessaire pour entendre la partie systématique des *Epoques* de cet homme célèbre : ouvrage infiniment ingénieux, mais sans base, qu'il jugeait le plus beau monument de sa gloire, comme Milton avait la faiblesse de juger ce triste *Paradis reconquis* qui échappa à sa vieillesse.

PREMIER ET SECOND PLANISPHERE CÉLESTE,

ET PLANISPHÈRE DES ÉTOILES AUSTRALES.

CES trois Estampes sont destinées à faciliter l'histoire du Ciel, qui sert de fondement aux deux premiers volumes du Monde primitif.

Les deux premiers Planisphères sont tirés du bel Atlas céleste de Flamstéed, qui donne une idée juste de ces réunions apparentes de Fixes, dont l'esprit de méthode a fait des Constellations, et le seul des Atlas de ce genre qui semble faire autorité en Astronomie.

Le troisième Planisphère met sous les yeux les étoiles visibles entre le Pole Austral et le Tropique du Capricorne, dont l'Abbé de la Caille détermina la position dans son voyage mémorable au Cap de Bonne-Espérance.

NÉBULEUSE D'ORION.

C'EST la configuration exacte, mais vue au télescope, de cette Fixe, que l'ingénieux Mairan a reconnu avoir changé plusieurs fois de forme et augmenté de densité.

On la doit à l'astronome Messier, qui l'a consignée dans les Mémoires de l'Académie des Sciences de 1791.

FIGURE DE LA LUNE.

Elle est du grand Cassini, revue par l'ingénieux Lalande son digne successeur : voici les objets que désignent les chiffres répandus dans l'Estampe, suivant la nomenclature adoptée par les Astronomes.

1... Grimaldus.	15... Eratosthenes.
2... Galileus.	16... Timocharis.
3... Aristarchus.	17... Plato.
4... Keplerus.	18... Archimedes.
5... Gassendus.	19... Insula Sinus medii.
6... Schikardus.	20... Pitatus.
7... Harpalus.	21... Tycho.
8... Heraclides.	22... Eudoxus.
9... Lansbergius.	23... Aristoteles.
10... Reinoldus.	24... Manilius.
11... Copernicus	25... Menelaüs.
12... Helicon.	26... Hermes.
13... Capuanus.	27... Possidonius.
14... Buliardus.	28... Dyonisius.

29... Plinius.
30... Catharina, Cyrillus, Theophilus.
31... Fracastorius.
32... Promontorium acutum, Censorinus.
33... Messala.
34... Promontorium Somnii.
35... Proclus.
36... Cleomedes.
37... Snellius et Funerius.
38... Petavius.
39... Langrenus.
40... Taruntius.
A... Mare Humorum.
B... Mare Nubium.
C... Mare Imbrium.
D... Mare Nectaris.
E... Mare Tranquillitatis.
F... Mare Serenitatis.
G... Mare Fecunditatis.
H... Mare Crisium.

ROCHER VOLCANIQUE DE S.-MICHEL.

Ce beau monument du Volcanisme du Velay, est tout entier en basalte : il est réduit d'après la grande Estampe des *Volcans éteints* de l'ingénieux Faujas.

ROCHER BASALTIQUE DE ROCHE-ROUGE.

Les différentes teintes de l'Estampe font distinguer le basalte de la masse de granit, au travers de laquelle il s'est élevé par la force de l'incendie volcanique. L'historien des *Volcans éteints* semble le premier qui ait apperçu ce beau phénomène de la nature.

ERUPTION

ÉRUPTION DU VÉSUVE.

L'IDÉE de cette Estampe a été donnée par l'Abbé de Saint-Non dans son *Voyage pittoresque de Naples et de Sicile*, le plus beau des voyages pittoresque par le goût du rédacteur, le fini des gravures, et la variété des monumens qu'il transmet à la postérité.

GROTTE DE FINGAL.

CE monument volcanique, que le judicieux Pennant a observé avec soin en 1772, est dans l'île de Staffa : on le regarde comme la merveille des Hébrides.

POISSON EMPREINT SUR UNE ARDOISE.

CETTE espèce de brochet, trouvé dans un schiste calcaire, et que le Naturaliste Gessner nous a conservé, se voit gravé dans le bel ouvrage des Monumens de Knorr, qui ne se rencontre que dans les grandes bibliothèques.

ÉCUEIL DE SCYLLA.

CET écueil si redouté autrefois et qui nous a valu quelques beaux vers d'Homère et de Virgile, n'est, comme je l'ai dit dans le texte, qu'un rocher coupé à pic, au pied duquel est un tournant qu'évitent les plus petites felouques sans peine, ainsi que sans danger. Le site de cet écueil, bien inférieur à sa renommée, se voit avec les mêmes proportions dans le *Voyage pittoresque de Naples & de Sicile.*

ARIANE ABANDONNÉE.

Cette Estampe qu'on place d'ordinaire dans la vie de Thésée qui la trahit, convient beaucoup mieux dans celle de Bacchus, son libérateur.

ORPHÉE ET EURYDICE.

Il y avait dans mon manuscrit un texte sur l'explication physique de la merveille du rappel d'Eurydice à la vie : l'interprétation de cette Estampe n'y était point oubliée : l'Imprimeur a omis ce texte, et je n'ai pu rectifier l'erreur, parce qu'elle s'est faite au tems de ma captivité.

JUPITER TONNANT.

Il s'agit ici d'une antique du plus beau style, qui m'appartient, et que j'ai fait graver : la Sardoine qui représente ce Jupiter vient originairement du cabinet du Pape Benoît XIV : elle fut donnée par ce Pontife à la Condamine, avec une belle tête d'Auguste, qui a passé au Comte de Tressan.

FABLES DES DEUX RENARDS

ET DU BERGER AVEC LE QUADRUPÈDE.

L'IDÉE de ces deux apologues tient, par l'intermède de l'Académie de Benarès, au Monde primitif. Il n'y a rien à ajouter à l'explication des deux Estampes qu'on lit à la page 185 du tome VII de cet ouvrage.

Fin de l'Explication des Gravures.

CATALOGUE

Des Auteurs principaux et des Editions qui ont servi à la composition de cet Ouvrage.

A

ABULFEDÆ Chorasmiæ descriptio, dans le tome III des *Petits Géographes.*

ABULFEDÆ descriptio Ægypti, Arabicè & Latinè. *Goëttingæ*, 1776, *in*-4°.

ABULFEDÆ de Vitâ Mohamedis, Arabicè et Latinè. *Oxoniæ*, *in-folio.*

ACADÉMIE des Sciences de Paris, édition *in*-4°.

ACTA Eruditorum. *Lipsiæ*, *in*-4°.

ÆLIANI Historia varia Græc. et Lat. edente Gronovio. *Amstelodami*, 1731, *in*-4°. 2 vol.

AFRIQUE de Dapper. *Amsterdam*, 1686, *in-fol.*

AGATHEMERI Compendiarium Geographiæ, dans le tome II des *Petits Géographes.*

AMMIANI Marcellini historia. *Bi-Ponti*, *in*-8°. 2 vol.

ANALECTA veterum Poëtarum Græcorum, edente Brunck. *Argentorati*, 3 vol. *in*-4°.

ANTIQUITÉ expliquée de Montfaucon. *Paris*, 1719 & 1726, *in-fol.* 15 vol.

ANTIQUÆ Musicæ Scriptores, edente Meibomio. *Ex Officinâ Elzevirianâ*, *in*-4°. 2 vol.

APOLLODORI Bibliotheca, edit. de Commelin, de 1499, *in*-8°.

APOLLONII Rhodii Argonauticon Græcè et Lat. edente Shaw. *Oxoniæ*, 1777, *in*-4°. 2 vol.

APOLLONII Lexicon Homericum Græc. et Lat. edente Villoiſon. *Pariſiis*, 1773, *in*-4°. 2 vol.

APULEII Opera, in uſum Delphini. *Pariſiis*, 1688, *in*-4°.

ARCHILOCHI, liber de Temporibus, dans l'*Apollodore* de Commelin.

ARCHIMEDIS Opera, Græcè et Latinè. *Pariſiis*, 1615, *in-folio.*

ARCHIPEL de Dapper, trad. du Flamand. *Amsterdam*, 1703, *in-folio.*

ARISTOTELIS Opera, Græc. et Lat. edente Duval. *Pariſiis*, *Typogr. Reg.* 1619, *in-fol.* 2 vol.

ARRIANI de expeditione Alexandri, ſimul et Historia Indica, Græc. et Lat. *Amſtelodami*, 1757, *in*-8°.

Astronomie ancienne, moderne et orientale de Bailly. *Paris*, *in*-4°. 5 vol.

Astronomie de Lalande. *Paris*, *in*-4°. 4 vol.

Athinei Deipnosophistarum, Græc. et Lat. cum notis Casauboni. *Lugduni*, 1612, *in-fol.* 2 vol.

Atlantica Rudbeck. *in-fol.* 4 vol.

Atlas Céleste de Flamstéed. *Paris*, 1776, *in*-4°.

Auli-Gellii Noctes Atticæ, cum notis Gronovii. *Lipsiæ*, 1762, *in*-8°. 2 vol.

Aurore Boréale de Majran. *Paris*, *in*-4°.

B

Bayle, Dictionnaire et Œuvres diverses. *La Haye*, *in-fol.* 9 vol.

Berosi Antiquitatum, dans l'*Apollodore* de Commelin.

Biblia Sacra. *Paris*, *Didot l'aîné*, *in*-8°. 8 vol.

Bibliothèque Orientale, par d'Herbelot. *Paris*, *in-folio*.

Binæ Tabulæ Geographicæ, una Nassir-Eddini Persæ, altera Ulugbeg Tartari, dans le tome III des *Petits Géographes*.

Bochart Opera, hoc est Phaleg, Chanaan et Hyerozoïcon. *Lugd. Batavor.* 1712, *in-fol.* 3 vol.

BONNET, Œuvres complettes. *Neuchâtel*, *in*-4°. 10 vol.

BUFFON, Œuvres complettes. *Paris*, *in*-4°. 37 vol.

C

CELLARII, Notitia orbis antiqui. *Lipsiæ*, 1731, *in*-4°. 2 vol.

CENSORINUS, de Die natali, edit. Varior. *Lugd. Batavor.* 1767, *in*-8°.

CICERONIS Opera, edente Dolivet. *Parisiis*, 1740, *in*-4°. 9 vol.

COMÉTOGRAPHIE de Pingré. *Paris*, *in*-4°. 2 vol.

CORAN de Mahomet, traduct. de Savary, *in*-8°. 2 vol.

CORPUS Poëtarum Latinorum edente Maittaire. *Londini*, *in-fol.* 2 vol.

D

DANUBIUS, Pannonico-Mysicus, à Com. Marsigli. *Hagæ Comitum*, 1726, *in-fol.* 6 vol.

DARÈS Phrygius, de Excidio Trojæ, edit. Varior. *in*-8°.

DESCRIPTION de l'Arabie, par Niehbur. *Paris*, *in*-4°. 2 vol.

DESCRIPTION de l'Egypte, par Maillet. *Paris*, 1735, *in* 4°.

Description de l'Islande, par Anderson. *Paris*, *in*-12. 2 vol.

Description Géographique de l'Inde, par le Jésuite Thieffenthaler. *Berlin*, 1786, *in*-4°. 3 vol.

Description de l'Empire Russien, par le Baron de Sthralemberg. *Stockolm*, *in*-12. 2 vol.

Dictis Cretensis de Excidio Trojæ, dans le *Darès de Phrygie*.

Dicearchi de Statu Græciæ, dans le tome II des *Petits Géographes*.

Diderot, Œuvres diverses. *Londres*, *in*-8°. 6 vol.

Diodori, Bibliotheca Historica, Græc. et Lat. edente Wesseling. *Amstelodami*, 1746, *in-fol.* 2 vol.

Diogenes Laërtius, de Vitis Philosophorum Græc. et Lat. edente Menagio. *Amstelodami*, 1692, *in-fol.* 2 vol.

Dyonisii Periegesis, edente Hill. *Londini*, 1679, *in*-8°.

Dyonisii Halicarnassensis Opera, Græc. et Lat. cum notis Hudson. *Oxoniæ*, 1704, *in-fol* 2 vol.

E

EMPIRICI (Sexti) Opera, Græc. et Lat. edente Fabricio. *Lipsiæ*, 1718, *in-folio*.

ENCYCLOPÉDIE Méthodique. *Paris*, *in*-4°. 120 vol.

ERATOSTHENIS Catasterismi, Græc. et Lat. in Aristid. Opera. *Florentiæ*, 1516, *in-fol*.

ESSAI de Donati sur la Mer Adriatique. *Venise*, *in*-4°.

ESSAI sur les Comètes, de Duséjour. *Paris*, *in*-8°.

ESSAI sur le génie original d'Homère, par Wood. *Paris*, 1777, *in*-8°.

ESCHYLI Tragediæ Græc. et Lat. *Glasgüæ*, *in*-12. 2 vol.

EUSTATHII, Commentarii in Homerum. *Florentiæ*, 1730, *in-fol*. 3 vol.

EUSEBII Opera, Græc. et Lat. *Parisiis*, 1628, *in-fol*. 2 vol.

EXPOSITIO totius Mundi, dans le tome III des *Petits Géographes*.

EXCERPTA ex Dyonisii Bizantii Anaplo, dans le même Ouvrage.

EXCERPTA Valesiana. *Parisiis*, 1734, *in*-4°.

F

FABRICII Bibliotheca Græca. *Hamburgi*, 1705, *in*-4°. 14 vol.

FAMILLE des Plantes, par Adanson. *Paris*, *in*-8°. 2 vol.

G

GÉOGRAPHIE Ancienne de Danville. *Paris*, *in*-12. 3 vol.

GÉOGRAPHIE de Busching. *Strasbourg*, *in*-8°. 14 vol.

GÉOGRAPHIE Physique de Wodward. *Paris*, *in*-4°.

GEOGRAPHIÆ Veteris Scriptores Græci minores, edente Dodwell. *Oxoniæ*, 1698, *in*-8°. 4 vol. (C'est l'Ouvrage connu sous le nom de *Petits Géographes.*)

H

HISTOIRE de l'Art de Winckelmann. *Leipsick*, 1781, *in*-4°. 3 vol.

HISTOIRE des Celtes, par Pelloutier. *Paris*, 1770, *in*-12. 9 vol.

HISTOIRE des découvertes dans le Nord, par Forster. *Paris*, 1788, *in*-8°. 2 vol.

HISTOIRE des Huns, par de Guignes. *Paris*, 1756, *in*-4°. 5 vol.

HISTOIRE du Japon de Kaëmpfer. *in*-12. 3 vol.

HISTOIRE Philosophique des deux Indes, par Raynal. *Genève*, *in*-8°. 10 vol.

HISTOIRE des Voyages, par l'Abbé Prévost. *Paris*, 1748, *in*-4°. 20 vol.

HISTORIÆ Augustæ Scriptores cum notis varior. *Lugd. Batav.* 1671, *in*-8°. 2 vol.

HISTORIÆ Poëticæ Scriptores Græc. et Lat. edente Gale. *Parisiis*, 1675, *in*-8°.

HOMERI Opera, edente Clarke Græc. et Lat. *Londini*, 1754, *in*-4°. 4 vol.

HYDE veterum Persarum Historia. *Oxonii*, 1760, *in*-4°.

HYEROCLES in aurea Pythagoræ carmina, Græc. et Lat. *Londini*, 1742, *in*-8°.

I

JAMBLICHI de Vita Pythagoræ, Græc. et Lat. Commelin. 1598, *in*-4°.

INTRODUCTION à l'Histoire de Danemarck, par Mallet. *Copenhague*, 1755, *in*-4°.

INTRODUCTION à l'Histoire Naturelle de l'Espagne, par Bowles. *Paris*, 1776, *in*-8°.

JOURNAL du Voyage de l'Abbé de la Caille, au Cap de Bonne-Espérance. *Paris*, 1763, *in*-12.

JOURNAL de Physique. *Paris*, *in*-4°. 36 vol.

ISIDORI Characeni mansiones Parthicæ, dans le tome II des *Petits Géographes*.

ITINERARIUM Benjamini Hebraïc. et Lat. cum notis. *Lugd. Batav. ex Officinâ Elzev.* 1533, *in*-12.

JULIUS obsequens de Prodigiis. *Lugd. Batav.* 1720, *in*-8°.

JUSTINI Historiæ ex Trogo Pompeyo. *Bi-Ponti*, *in*-8°.

L

LAVATER, Essai sur la Physiogonomie. *La Haye*, grand *in*-4°. 3 vol.

LEIBNITII et Bernoulli commercium Mathematicum. *Genevæ*, 1745, *in*-4°. 2 vol.

LEONIS Africani Africa. *Lugd. Batav. ex Offic. Elzevir.* 1632, *in*-24.

LETTRES de Bailly à Voltaire sur l'Atlantide. *Paris*, 1777, *in*-8°. 2 vol.

LETTRES de Ferber sur la Minéralogie. *Strasbourg*, 1776, *in*-8°.

LETTRES Physiques sur l'Histoire de la Terre, par de Luc. *Paris*, *in*-8°. 6 vol.

Lettres sur l'Egypte de Savary. *Paris*, 1785, *in*-8°. 3 vol.

Lettres sur la Grèce de Savary. *Paris*, 1788, *in*-8°.

Lettres sur la Sicile du Comte de Borch. *Turin*, 1782, *in*-8°. 2 vol.

Linnæi Opera. *Lipsiæ*. *in*-8°. 6 vol.

Lithogéognésie de Pott. *Lausanne*, *in*-12. 2 vol.

Luciani Opera cum notis varior. edente Hemsterhuis. *Amstelodami*, 1743, *in*-4°. 4 vol.

Lycophronis Cassandra cum notis Meursii. *Oxonii*. 1697, *in-folio*.

Lythologie Sicilienne, par le Comte de Borch. *Rome*, 1778, *in*-4°.

M

Marmora Oxoniensia. *Oxonii è Typogr. Clarendon*, *in-fol. form. atlant.*

Marmora Taurinensia. *Augustæ Taurinorum*, *ex Typogr. Reg.* 1743, *in*-4°. 2 vol.

Macrobii Opera cum notis varior. *Lipsiæ*, 1774. *in*-8°.

Maximi Tyrii Dissertationes Græc. et Lat. *Londini*, 1740, *in*-4°.

Mémoires sur les Chinois, par les Missionnaires de Pekin. *Paris*, 1776, *in*-4°. 15 vol.

MÉMOIRES sur l'Histoire-Naturelle de la Provence et du Languedoc, par Astruc. *Paris*, 1740, *in*-4°.

MÉMOIRES du Baron de Tott. *Paris*, *in* 8°. 4 vol.

MÉMOIRES Philosophiques de Dom Ulloa. *Paris*, *in*-8°. 2 vol.

MÉMOIRES sur l'Histoire-Naturelle du Languedoc, par Genssane. *Paris*, *in*-8°. 5 vol.

MINÉRALOGIE des Volcans, par Faujas. *Paris*, 1784, *in*-8°.

MONDE primitif, par Gebelin. *Paris*, 1776, *in*-4°. 9 vol.

MOSIS Chorenensis Historiæ Armeniacæ. *Londini*, 1736, *in*-4°.

N

NATALIS Comitis Mythologia. *Genevæ*, 1620, *in*-8°. 2 vol.

NEWTONIS Principia et Opuscula. *Colon. Allobrog.* *in*-4°. 6 vol.

O

OBSERVATIONES Astronomicæ. *in*-4°. 2 vol.

OBSERVATIONS Astronomiques de Souciet. *Paris*, 1729, *in*-4°. 3 vol.

OBSERVATIONS sur les Pyrénées, par Ramond. *Paris*, *in*-8°.

OBSERVATIONS Historiques sur le Danube et le Pont-Euxin, par Peyssonel. *Paris*, 1765, *in*-4°.

OLAÏ Magni Historia Septentrionalis. *Romæ*, 1655, *in-folio*.

ŒUVRES d'Helvétius. *Londres*, *in*-8°. 5 vol.

ŒUVRES du Chevalier Hamilton. *Paris*, *in*-8°.

ŒUVRES d'Henckel. *in*-4°. 2 vol.

ŒUVRES de Leibnitz, édit. de Dutems. *in*-4°. 6 vol.

ŒUVRES de Maupertuis. *Lyon*, *in*-8°. 4 vol.

ŒUVRES de Montesquieu, *Londres*, *in*-12. 7 vol.

ŒUVRES de Palissy. *Paris*, 1777, *in*-4°.

ŒUVRES de Voltaire, édit. de *Kelh*, *in*-8°. 70 vol.

OPUSCULA Mythologica Græc. et Lat. *Amstelodami*, *Westein*, *in*-8°.

OPUSCULES de Spalanzani. *in*-8°. 3 vol.

P

PANTHEON Egyptiacum Jablonski. *Francofurti*, 1750, *in*-8°. 3 vol.

PAUSANIÆ Descriptio Græciæ, Græc. et Lat. *Lipsiæ*, 1696, *in-folio*.

PETAVII Doctrina Temporum et Uranologion. *in-fol.* 3 vol.

PERIZONII Origines Egyptiacæ. *Ultrajecti*, 1736, *in*-12. 2 vol.

PHILONIS Operá Græc. et Lat. cum notis Mangey. *Londini*, 1742, *in-fol.* 2 vol.

PHILOSTRATORUM Opera Græc. et Lat. cum notis Olearii. *Lipsiæ*, 1709, *in-folio.*

PHOTII Myrio Biblon Græc. et Lat. *Rhotomagi*, 1653, *in-folio.*

PERIPLUS Hannonis,
—— Maris Rubri,
—— Maris Erythræi,
—— Marciani,
—— Nearchi,
—— Ponti-Euxini,
—— Scylacis,
} dans le tome I des *Petits Géographes.*

PIERRES antiques du Baron de Stosch. *Amsterdam*, 1724, *in-folio.*

PLATONIS Opera Græc. et Lat. *Bi-Ponti*, *in*-8°. 12 vol.

PLINII Historiæ Naturalis cum notis Harduini. *Parisiis*, 1723, *in-fol.* 3 vol.

PLUTARCHI Opera Græc. et Lat. *Parisiis*, 1624, *in-fol.* 2 vol.

PLUTARCHI Libellus de Fluviorum Nominibus, dans le tome II des *Petits Géographes.*

POETÆ Græci veteres. *Genevæ*, *in-fol.* 1606, 4 vol.

POETÆ

Poetæ Græci minores. *Londini*, 1712, *in-8°.*

Pollucis Onomasticon Græc. et Lat. cum notis. *Amstelodami*, 1706, *in-fol.* 2 vol.

Polybius Græc. et Lat cum notis varior. *Lipsiæ*, 1764, *in-8°.* 3 vol.

Porphyrius de Antro Nympharum, Græc. et Lat. cum notis. *Trajecti ad Rhenum*, 1767, *in-4°.*

Pomponii Melæ de situ Orbis, cum notis varior. *Lugd. Batav.* 1722, *in-8°.*

Ptolemæi Arabia et Tabula Longitudinis et Latitudinis, dans le tome III des *Petits Géographes.*

Ptolomæi Geographia. *Romæ*, 1508, *in-fol.*

Ptolomæi de Apparitione Fixarum, dans le tome III de la *Bibliothèque Grecque* de Fabricius.

Q

Quinti Calabri Prætermissorum ab Homero. *Lugd. Batav. in-8°.* 1734.

Quinti Curtii de Rebus gestis Alexandri. *Delphis*, 1724, *in-4°.* 2 vol.

R

Recherches Philosophiques sur les Américains, les Egyptiens, etc. par de Paw. *in-8°.* 7 vol.

Recherches sur les Modifications de l'Atmosphère, par de Luc. *in-8°*. 4 vol.

Recherches sur les Volcans éteints du Vivarais, par Faujas. *Paris*, 1778, *in-folio.*

Recueil pour les Astronomes de J. Bernoulli. *Berlin*, 1771, *in-8°*. 2 vol.

Recueil d'Antiquités Egyptiennes, par Caylus. *Paris*, 1761, *in-4°*. 7 vol.

Recueil des Monumens des catastrophes du Globe, édit. de Knorr. *Nuremberg*, 1777, *in-fol.* 3 vol.

Réflexions sur l'origine des anciens Peuples, par Fourmont. *Paris*, 1747, *in-4°*. 2 vol.

Ruines de Baalbek, édit. de Wood. *Londres*, 1757, *in folio.*

Ruines de Palmyre, édit. de Wood. *Londres*, 1753, *in-folio.*

Ruines de la Grèce, par le Roy. *Paris*, 1758, *in-fol.* 2 vol.

S

Scymni Periegesis, dans le tome II des *Petits Géographes.*

Senecæ Opera cum notis. *Amstelodami*, 1672, *in-8°*. 3 vol.

Solini Polyhistor. *Antuerpiæ*, *Plantin*, 1572, *in-12.*

V

VARENII Geographia. *Amstelodami, ex Typis Elzevir.* 1650, *in*-24.

VALERII Flacci Argonauticon. *Patav.* 1720, *in*-8°.

VEDUTE di Roma, Piranesi. *Romæ, in-fol. form. atlant.*

VIRGILII Opera cum Comment. Servii. *Leovardiæ*, 1717, *in*-4°. 2 vol.

VOYAGE d'Auvergne de Legrand. *Paris*, *in*-8°.

VOYAGES de Chardin en Perse. *Amsterdam*, 1735, *in*-4°. 4 vol.

VOYAGES d'Egypte de Norden. *Coppenhague*, 1755, *in-fol.* 2 vol.

VOYAGES de l'Abbé Chappe en Sibérie. *Paris*, *in*-4°. 4 vol.

VOYAGE de Pockoke en Orient. *Paris*, 1772, *in*-12. 7 vol.

VOYAGE du Levant de Tournefort. *Lyon*, 1717, *in*-8°. 3 vol.

VOYAGE au Levant de le Bruyn. *Rouen*, 1725, *in*-4°. 5 vol.

VOYAGE au Levant d'Hasselquist. *Paris*, 1768, *in*-12. 2 vol.

VOYAGE en Sicile, par Brydone. *Paris*, 1776, *in*-12. 2 vol.

VOYAGE dans les Deux-Siciles de Swinburne. *Paris*, 1785, *in*-8°.

VOYAGE en Sicile de Denon. *Paris*, *Didot*, 1788, *in*-8°.

VOYAGE au Cap de Bonne Espérance de Sparman. *Paris*, *in*-4°. 2 vol.

VOYAGE de Dampier autour du Monde. *Paris*, *in*-12. 5 vol.

VOYAGE d'Olearius. *Amsterdam*, 1727, *in-fol.* 2 vol.

VOYAGE de Mandeslo. *Amsterdam*, 1727, *in-fol.* 2 vol.

VOYAGES autour du Monde de Cook. *Paris*, *in*-8°. 23 vol.

VOYAGE autour du Monde d'Anson. *Paris*, *in*-12. 4 vol.

VOYAGE dans les Mers de l'Inde, par le Gentil. *Paris*, 1779, *in*-4°. 2 vol.

VOYAGES au nord de l'Europe de Coxe. *Paris*, *in*-8°. 4 vol.

VOYAGE en Italie de Lalande. *Paris*, *in*-12. 9 vol.

VOYAGE dans les Alpes de Saussure. *Genève*, *in*-8°. 4 vol.

VOYAGE dans les Alpes de Bourrit. *Genève, in-8°.* 3 vol.

VOYAGE de Kerguelen dans les Mers du Nord. *Paris, in-4°.*

VOYAGE à la mér du Sud de Frezier. *Paris, in 4°.*

VOYAGE de la Condamine. *Paris, in-8°.*

VOYAGE Métallurgique de Jars. *Lyon*, 1774, *in-4°.*

VOYAGES de Pallas. *Paris, in-4°.* 5 vol.

VOYAGE aux Iles de Lipari du Chevalier Dolomieu. *Paris, in 8°.*

VOYAGE aux Maldives de Pyrard. *Paris*, 1679, *in-4°.*

VOYAGE pittoresque de France. *Paris*, 1788, *in-fol.* 10 vol.

VOYAGE pittoresque de la Grèce, par Choiseul-Gouffier. *Paris, in-fol.* premier volume.

VOYAGE pittoresque de Naples, par l'Abbé de Saint-Non. *Paris, in-fol.* 5 vol.

VOYAGE pittoresque de Sicile, par Houël. *Paris, in-fol.* 4 vol.

VOYAGE pittoresque de Suisse, édit. de la Borde. *Paris, in-fol.* 4 vol.

X

XENOPHONTIS Opera Græc. et Lat. *Glasguæ*, 1764, *in*-8°. 12 vol.

Z

ZENDAVESTA, par Anquetil. *Paris*, *in*-4°. 3 vol.

Fin du Catalogue des Auteurs & de l'Ouvrage du Monde primitif.

www.ingramcontent.com/pod-product-compliance
Lightning Source LLC
LaVergne TN
LVHW020541230826
846091LV00002B/349

9782019705244